빛으로 짠 그물

빛으로 짠 그물

공순해

ittle Teddy Books

Books may be purchased by contacting the publisher and author at:

Publisher: Little Teddy Books
Mailing Address: 4580 Klahanie Dr SE Suite 285 Issaquah, WA 98029
Email: info@littleteddybooks.com
ISBN: 978-0-692-22025-2

First Print, May 2014
10 9 8 7 6 5 4 3 2 1

Printed in the United States of America

책머리에

거품 속에서 아프로디테가 태어나듯 시간 속에서 빚어져 태어난 게 인간입니다. 그러나 아름답게 태어난 아프로디테는 그 아름다움이 변하지 않지만, 인간은 시간이 지날수록 낡고 추하게 변해 갑니다. 제 정신 또한, 시간 지나 썩은 양파처럼 냄새를 풍깁니다. 옥시크린이 필요한 이유입니다. 글쓰기가 필요한 이유입니다.

게다 써 놓은 작품 또한 하루하루 낡아갑니다. 요즘은 변화의 속도가 더 빨라져, 어제 써 놓은 작품도 오늘 아침에 다시 읽어 보면 진부하고 낡았습니다. 어느 날 두려움이 느껴졌습니다. 이 속도가 더 빨라질 터인데 하고요. 그래서 부끄러움을 무릅쓰고 작품집 엮을 결심을 했습니다.

결심은 했으나, 그러나 참으로 망설여졌습니다. 제 글이 제대로 산문 정신을 드러냈는가, 자신이 없기 때문입니다. 제대로 삶을 성찰하고 비판하고 있는가, 그래서 삶의 화해를 이끌어냈는가, 이 대목에 오면 영 자신이 없습니다. 빈약한 글이 종이에게 누를 끼치는 거나 아닌지도요.

한데 울고 싶은 참에 뺨 때려 준다고, 아들이 출판 제의를 했습니다. '우연히' '마침' 이런 낱말들을 다른 말로 바꿔하면 '신의 의사대로'라고 마침 또 배우게 되었습니다. 그래서 만복의 근원께 순종하기로 마음 먹게 되었습니다. 그분께서 예비해 주신 것에 제 의사를 조금 더 보태 사는 것이 삶이라고 깨달을 만큼 이젠 좀 철(?)도 들었으니까요.

책의 내용은 되도록 글쓰기 시작했을 때 썼던 글부터 실었습니다. 부족하지만 제 변화를 보여드릴 수 있지 않나해서지요.

주저하고 망설이기 잘 하는 제 등을 밀며, 독특한 책을 만들어준 아들에게 고마움을 전합니다. 아마 먼저 간 사람도 아들과 함께 제 등을 밀고 있으리라 믿습니다. 또한 늘 마음으로 격려를 아끼지 않는 시애틀문학회 문우들께도 감사함을 전합니다. 특히 멍석 깔아 주신 김학인 선생님, 늘 뜻을 함께 해 주시는 김윤선 선생님, 감사합니다. 그리고 제 생의 끈인 사랑하는 가족과 부모형제에게 이 책을 바칩니다.

2014 년 5 월

이사콰에서   공순해

목차

처 음

성 장 통

갈등의 경계

그림

이슬

이슬

　매주 주말이면 물 주고 간혹은 커피 찌꺼기나 쌀뜨물도 주어 가며 십 년에서 이십 년 남짓 기르던 식물들, 그중 하나를 화분에서 뽑아내며 나는 속으로 말을 걸었다. 미안해. 얼마 뒤 우리가 이사를 가야 하는데, 준비가 필요해서 너를 포기하는 거야. 너까지 데려갈 수가 없거든. 서운해도 용서해 줘. 만일 네게 다음 생이 허락된다면 또 만날 날 있겠지. 식물 뿌리를 들어 올리는 손에서 힘이 빠져나가며 마음이 저려왔다. 몇 주 전부터 두근거리는 가슴으로 벌써 이렇게 세 개째이다.

　한데 이렇게 말을 걸면서도 과연 가당키나 한 걸 생각하고 있는 것일까, 설핏 쓴웃음이 나기도 했다. 하지만 쏟아낸 흙을 신문지에 둘둘 말며 다시 생각해 보니 아주 가능성 없는 일도 아니란 생각이 들었다. 우선 물리학적인 측면에서 보자. 이 식물이 비록 내 손으로 쓰레기통에 버려진다 해도 그 안에서도 물질들은 서로 물리적으로 화학적으로 반응하여 다시 변화한 뒤 어떤 형태를 갖춘 물질이 될 것이다. 그리고 그 물질이 장소를 옮겨 또다시 다른 물질들과 섞이며 반응하여 또 다른 형태의 물질이 되고, 또 다른 형태의 물질이 되고, 그러다 그중 하나와 내가 다시 맞닥뜨리지 말란 법은 없을 것이다. 하여 우주 속에 떠돌고 있는 물리적인 힘의 활동, 즉 인연이란 게 있다면 우리는 다시 만날 수 있지 않을까? 설령 서로 알아보지는 못한다 하더라도. 이게 바로 물질의 윤생이 아닐는지… 그 순간 견강부회의 공상을 전개하고 있구나, 실소를 흘리긴 했지만 사실 이게 윤회와 무엇이 다른 것인가란 아집이 솟기도 했다. 존재가 새로운 몸을 받아 생명이 다시 되돌아오는 것을 윤회라 한다면, 같은 물질이 새로운 형태로 모습을 바꿔 존재를 이어 가는 것, 이 또한 물질의 윤회이니 가히 윤생이라 하지 않을 수 없지 않은가.

흙 부스러기가 떨어졌던 마룻바닥을 물걸레로 닦아내며 나는 생각을 좀 더 이어 보기로 했다. 그간 잊고 살았던 어떤 생각들이 떠오르자 오늘은 시간에 조바심치지 말고 생각 흐르는 대로 자신을 맡겨 보자는 쪽으로 마음이 기울었던 탓이었다.

생명체의 반대 개념인 물질, 그 물질들은 소모되어 사라지는가? 그것은 소모되어 사라지는 순간, 다른 물질과 결합하여 다시 존재를 드러낸다. 이처럼 물질조차도 끊임없이 존재를 이어 가건만 생명체란 존재는 어떠한가. 한 생이 끝나면 그뿐이다. 떨어진 꽃잎이, 꺾여진 가지가 다시 그 자리에 돌아가 붙지 못하는 것처럼. 물질조차 윤생하며 다시 존재를 드러낼 수 있건만 생명은 일회성이어서 가면 그뿐이다. 생명이 아름답다 함은 바로 이

때문이다. 아침 이슬이 영통해서만 아름다운 것이 아니라 찰나적인 것이어서 더욱 아름다운 것처럼 비록 몇 십 년의 시간이 인간의 눈으로는 길다 하나 우주의 영겁에 비하면 아침 이슬에 불과하기에 그 찰나적인 속성으로 해서 생명은 더욱 아름다운 것이다.

인간에게 주어진 시간이 찰나적이란 것은 이십 대도 알고 있는 사실이다. 약간의 독서를 통해서도 충분히 알 수 있는 사실이니까. 그러나 그 절절한 소회는 육십이 넘자 좀 더 색다르게 다가왔다. 육십이 되던 해, 소위 환갑이 되던 해, 치과 치료를 받은 적이 있다. 그때 나는 여태껏 몰랐던 사실 하나를 의사로부터 들었다. 여자는 나이 들어가면서 아랫잇몸이 숫구쳐 올라 치열이 바뀐다는 사실이었다. 대략 그것은 오십 대라고 그 사무적인 여의사는 말하며 이미 그렇게 바뀐 내 치열을 보고 재미있는 듯 살짝 웃었다. 아직 치열이 바뀔 나이는 아닌 그녀에게 어쩐지 주눅이 드는 느낌이 들었다. 그 사실을 알고 있는 이 여잔 그럼 그 흉물을 피해 갈 수 있을 것 아닌가. 내 기분을 눈치 챈 듯 그녀는 여자라면 누구든 그걸 피해 갈 순 없다고 덧붙여 설명했다. 아뿔싸! 삶 속에 이런 복병이 숨어 있을 줄이야.

그러자 어려서 보았던 양천 고모의 치열이 생각났다. 양천은 큰고모의 택호다. 고모 네 분은 사시던 고장에 따라 각기 김포 양촌 고모, 하계 고모, 의정부 송산 고모, 창동 성고개 고모라고 불렸다. 지금 친정에서 나는 무어라 불릴까? 아마 우리 자매 넷은 이름으로 불리지 않을까? 고모들이 사셨던 전성(?)시대엔 대대로

3

물려오는 농토를 지키며 살았던 세월이었으니, 사셨던 지명으로 불리는 것이 가능했겠지만 우리가 살고 있는 시대는 어떤 세월인가. 삶의 목적과 수단이 한 곳으로만 치우쳐 수시로 거주지를 옮기는 치열하고 각박한 세상이니 점잖게 지명으로 불리긴 애당초 글렀다. 하니 유일한 구별 방법은 이름일밖에. 물론 첫째 둘째 셋째 넷째로도 구별이 가능하겠으나 요즘 세상은 그리 점잖지 않다. 시누이에게 고모라 부르고 남편에게 형이니 자기니 심지어 오빠라고까지 부르기도 하는 세상인 걸. 하니까 늙어서도 이름으로 불리는 우리는 참 점잖지 못한 세상에 사는 중이라 하겠다. 그러므로 오늘날 우리는 물질 지수는 높아져 풍요롭게 산다 하겠으나 행복 지수로는 고모들의 세대를 따라 갈 수 없을듯싶으니, 오히려 퇴영되어 가는 행복 속에 사는 중이라고나 할까.

우리보다 행복 지수가 높았던(?) 고모들 네 분 중 양천 큰고모는 내 어렸을 적 이미 오십이 넘은 할머니셨다. 큰아버지보다 위셨으니까. 고모들은 일 년에 한두 번은 우리 집에 오셔서 오래 묵어가시곤 했다. 그런 때면 어머니는 친정 나들이는 그리 하는 거라 하시며 고모들을 정성껏 대접하셨다. 음식이며 입성이며, 어려운 일이 있으면 듣고 도와 드리기도 하셨다. 이렇게 돈독한 시누이올케 사이에 끼어 앉아 나누시는 말씀만 듣고 있어도 나는 편안하고 즐거웠다. 하니까 고모들이 오시면 그 주변을 뱅뱅 돌며 참견하곤 하던 나는 그때 양천 고모의 치아가 다른 분들과 다르다는 걸 발견했다. 대중없이 부쩍 솟구친 치아가 제멋대로

4

뻗친 소나무 가지만 같아, 다른 분들은 다 가지런한데 왜 큰고모만 저리 흉할꼬, 색깔도 변색되어 가지고. 나는 눈치껏 고모의 치아를 흘끔거렸다.

한데 내 나이 오십이 넘은 어느 날, 문득 거울 속에서 큰고모와 똑같아진 내 치아를 발견했다. 시체에서 웃자라난 이처럼 가운뎃니 두 개 옆의 오른쪽 이가 솟구쳐 있었던 것이다. 그리고 가운뎃니 두 개 또한 고모의 그것처럼 누렇게 변색되어 있었다. 당혹스런 사태였다. 이걸 어쩌지, 고모! 내가 옛날의 고모만큼 늙어 버렸네. 한데 이젠 왼쪽 이마저 쑥 삐져나와 영락없는 큰고모의 치아가 되고 말았다.

의사는 이렇게 대중없이 이리 삐죽 저리 삐죽 솟구쳐 오른 내 이를 난감해했다. 어느 치아에 기준을 두고 치열을 맞추어야 할지 감이 잡히질 않아요. 나도 옛날엔 당신과 똑같이 가지런한 이를 갖고 있었걸랑. 입을 잔뜩 벌려 놓아 말을 할 수 없었던 나는 머리를 가볍게 흔드는 것으로 겨우 의사 표시를 하는 수밖에 없었다.

그리고 비 오던 그 날, 치과에서 돌아오며 가벼운 현기증을 느꼈다. 고모의 흉물스런 치아가 내 치아로 되기까지 걸린 시간에 어지럼증이 일었던 탓이었다. 어느새 그 세월이 다 지나가 벼렸을까? 마치 눈 깜짝할 사이 같기만 하네. 압력기에 눌려 압축 당한 듯 지나가 버린 시간에 압도되어 나는 심호흡을 들이켰다. 때론 버겁고 무거워 놓쳐 버릴 것만 같은 두려움으로 살아왔던 나날들, 그 고통을 절대 못 벗어날 것만 같아 절망하기도 했던 그

5

긴 시간, 지나고 보니 한순간이었네. 발밑에 떨어지는 물방울들을 보며 나는 삶이 그 물방울들 같다는 생각을 했다. 지표에 닿는 순간 형체가 흩어지는 물방울들처럼 찰나에 불과한 삶, 그 가벼운 무게를 그동안 그리도 무거워하며 주체를 못 해 절절매었으니, 참 어리석었구나. 물방울에서 삶의 크기를 발견했던 그 날, 나는 형태가 흩어진 물방울들이 모여 물길을 이루는 걸 물끄러미 내려다보며, 이룬 것도 없고 남은 것도 없어 가져갈 것도 없는 자신의 가벼운 삶이 다행이란 생각도 했다.

그러니 지금, 내다 버린 식물들을 위해 가슴 아파할 필요가 없다. 우주의 시간으로 보면 세상 모든 존재에게 주어진 시간이 풀잎에 맺힌 이슬이 사라져 갈 만한 시간이니 조만간 어디선가 만나지 않겠는가. 그리하여 그들과 내 육신이 어느 날 어느 시에 만나 결합 작용하여 또 한 그루의 나무를 길러낼지 누가 알겠는가. 그런 경우, 유쾌한 물질이 유쾌하게 도움이 될 것이니 나는 쾌적한 공간에서 유쾌하고 가볍게 마지막을 맞고 싶다. 하긴 이런 욕망조차가 이슬만큼 찰나적인 욕망이 아닐는지. 주저앉아 넋 놓고 있던 나는 문지르던 물걸레를 휙싸 그러쥐고 가볍게 자리를 털고 일어섰다.

꿈

　어느 날 남편이 불쑥 물었다. 나이 먹으면 두상(頭相)도 달라진다는 거 알아? 혈압이 높아진 뒤로 두피 마사지를 게을리하지 않았던 탓에 언젠가부터 두상의 변화를 감지하고 있던지라 나는 선뜻 거기에 동의했다. 분명 둥그스름하게 튀어나왔던 뒤통수 어느 부분이 만져지지 않았던 탓이다. 처음엔 착각인가 했다. 하지만 그건 분명한 사실이었다.

　게다 두상만이 아니었다. 머리칼의 변화는 20여 년 전, 30대 후반에 이미 시작되었다. 그때 함께 살고 있던 조카딸 혜령이가 어느 날, 외숙모! 머리 파마하러 가요, 우리 비행 승무원들 단골집인데 외숙모 한 번 모시고 가고 싶어요, 살짝 유혹했다. 교직을 선택하고 첫 출근하던 주에 '긴 머리 소녀'에서 '단발머리 선생'으로 변신한 이래, 줄곧 고수해 오던 내 단발이 사십이 다 된 나이엔 걸맞지 않다고 조카딸이 생각했는지도 몰랐다.

　하긴 머리 모양도 나이에 엇비슷하게 따라 가야 한다. 대학신문사 시절, 그때는 경향신문사에서 학보를 만들던 중이었는데, 뭔가 볼 일이 있어 그 신문사 편집국에서 서성이다, 그 당시 국내에서 가장 값나가는 그림을 그리는 여류 화가와 마주친 적이 있었다. 그 순간 나는 속에서 뭔가 확 돌아눕는 거부감을 느꼈다. 그녀의 나이에 걸맞지 않은 긴 머리 때문이었다는 것은 그리고 나중에야 깨달았다. 그 긴 머리는 사랑스럽지도 않았고 여성스럽다거나 섹시해 보이지도 않았고 기이하게 걸리적거려 보이기만 했다. 나이 먹은 얼굴과 긴 머리가 지나치게 대비되어 불균형을 이룬 탓이었다. 지금도 나는 그 유명한 여류 화가의 긴 머리와 그녀의 작품을 기이하게 기억하고 있다. 그래서 나이에 걸맞은 머리 모양새는 분명 있다고 생각하던 나는 멋쟁이 아가씨들의 단골집이라는 유혹도 그럴싸해 못 이기는 척 조카딸을 따라 나섰다.

그러나 결과는 별로였다. 혜령이 파마는 내 눈에도 예쁘게 보였는데, 내 머리 모양은 내가 보아도 좀 그랬다. 잠자코 집에 돌아왔지만, 그 비싼 요금만 속이 쓰렸다. 하지만 머리를 하러 미장원엘 가든, 옷을 맞추러 양장점엘 가든, 나는 마음에 안 든다는 내색을 하지 않는 버릇이 있다. 그 결과는 그들이 최선을 다해 보여 준 것일 터이니 내가 불평을 하거나 다시 해 달라고 요구한다고 해도 더는 달라질 것이 없기 때문이었다. 오히려 서로 기분 나쁜 감정의 앙금만 남을 수도 있다. 그래서 교정을 요구하는 대신 집에 돌아와 내게 맞게 모양을 고친다. 교정은 본인에게 맞도록 본인이 하는 게 가장 좋다. 아들 결혼식에 입고 갈 옷도 그랬다. 모자가 마음에 안 들어 집에 돌아와 가위로 원하는 챙의 크기만큼 잘라내고 전을 공글러 내 식대로 고쳤다. 본인을 가장 잘 아는 건 본인밖에 없는 것이다. 그래서 그 날도 나는 집에 돌아와 가위로 몇 군데 잘라 머리 모양을 교정했다.

그리고 곰곰 생각해 보니, 이미 기운 없이 늘어진 내 머리칼과 아직 20대인 혜령이의 머리칼이 같을 순 없었다. 그때 벌써 나이 탓은 시작되고 있었던 것이다. 그 후 머리는 계속 숱이 적어지고 윤기도 없어져 오십 무렵엔 아주 짧은 머리가 되고 말았다. 미장원에서 돌아오면 거울을 보며 계속 조금씩 잘라내다 보니까 어느덧 남편 머리와 내 머리가 비슷한 지경까지 되었던 탓이다. 첫 발령 받았던 학교에서 만났던 선배 교사 김미순 선생은 어서 빨리 나이 먹었으면 좋겠다고 입버릇처럼 말했었다. 나이 먹어 늙으면 성별의 구별이 모호해질 터이니 그 편안함을 어서 즐기고 싶다고. 그런 점에서 지금의 나는 성별의 구별이 없어진 셈인가. 그러고 보면 나이 먹는 것이 꼭 불평할 일은 아니지 않나 싶다.

나이 들어서의 변화는 이 말고도 또 있다. 언젠가부턴 옷을 입으면 옷태도 나지 않았다. 등이나 허리가 굽은 것도 아니고 무릎이 구부정하게 된 것도 아닌데 뭘 걸쳐도 마음에 들지 않았다. 대체 이건 또 무슨 당치않은 변화람. 왜 옷태가 전만 못하지? 작은 키에 마른 체형이니 그러지 않아도 볼품없는 옷태였는데, 그나마도 더 볼품이 없어졌으니, 또 나이 탓을 해야 하나?

그러다 문득 그간 내 체중이 줄고 있다는 사실에 생각이 미쳤다. 일반적으로 여자들은 나이 들면 살이 찐다. 버드나무처럼 낭창했던 중학교 은사를 네 번째 학교 발령지에 가 다시 만나

뵈었을 때, 그분이 그 선생님이라곤 도저히 믿을 수 없을 만큼 풍만해져(?) 실망했던 기억만이 아니라도 여자들은 나이 들면 살이 오른다. 한데 나는 신혼여행에서 입었던 원피스를 25주년 결혼기념일에도 입었을 만큼 그간 체형의 변화가 전혀 없었다. 그 나물에 그 밥 먹고 살던 서울에서나, 버터와 치즈로 칠갑한 음식을 먹고 사는 여기에서나 역시 마찬가지였다. 근래에 와서야 어깨와 목덜미 사이 그리고 허리에 약간 군살이 오른 정도였다. 한데 어느 날인가부터 오히려 체중이 평소 보다 10파운드 가량 줄었던 것이다.

혹시 병이 아닐까? 마침 고혈압 진단을 받은 무렵이어서 바짝 긴장된 나머지 온갖 검사를 받았다. 하지만 이유는 발견되지 않았다. 그래서 내 경우엔 나이 먹는다는 게 체중이 주는 것인가 보다 체념하고 있던 차, 옷태에 생각이 미쳐 신체 치수를 재어 보았다. 했더니 신체 치수는 물론 줄었고, 특히 엉덩이둘레 치수가 생각 밖이었다. 고교 때 한 다스가 넘도록 많고 많던 내 별명 중엔 빽판 100도 있었다. 2학년 때 짝, 거지 모자 조중혜가 지어 준 별명이었는데, 그때 이래로 나는 남들이 짐작하는 것보다 엉덩이 둘레가 좀 더 나갔다. 그래서 대학 때 친구 정상명은, 네 상체를 보다 하체를 보면 배반감 느껴, 왜 그렇지? 슬픈 얼굴을 하곤 했었다. 하지만 그게 어디 내 맘대로 되는 일인가. 한데 그 날 재어 보니 그렇게 유명했던 빽판 100은 간 곳이 없었다. 하니까 그러지 않아도 볼품없는 자태에 마지막 볼륨(?)까지 간 곳이 없으니 막대기에 옷을 둘러놓은 듯 옷태가 나지 않았나 보다. 얼굴이야 부모님이 주신대로 살아가지만 몸매는 어느 정도 본인의 책임이라는 생각과 함께, 감각과 센스로 입어야 하는 옷맵시는 옷 입는 사람의 느낌으로 완성된다는 평소의 내 지론이 무너지게 된 일대 사건이 아닐 수 없었다.

이게 나잇값이라는 거겠지. 그래서 받아들이지 않을 수 없겠지. 이런 변화를 너그럽게(?) 받아들여야만 이 사태에 대비할 수 있다고 머리론 결론짓지만, 하지만 저절로 우울해지는 마음은 나도 어쩌는 수가 없다. 노년의 우울함이 변화를 쉽사리 받아들이지 못하는 데서 온다는 점도 그래서 이렇게 체험을 통해 알게 되었다.

그러나 요즘은 우울이니 절망이니 하는 감정의 덩어리들을 어느 정도 제어할 수 있는 여유가 생겼다. 가슴을 치고 올라오는 그 덩어리들의 대가리를 한 손으로 쑤욱 눌러 의식의 저 아래로 처박아 버리고 제법 멀쩡한 얼굴을 할 수도 있다. 그런 능력이 생긴 건 주름과 흰머리가 늘고 치아, 눈, 귀, 두상, 머리결, 심지어 옷태까지 달라진 값비싼 댓가(?)를 치룬 결과라고나 할까. 아니 그것은 체력 단련하듯 지금껏 시간을 투자해 부단히 감정 단련을 한 결과이리라. 그러나 60여 년 공력으로 연마한 감정 단련도 허사가 되는 순간이 있다.

이제 어설펐던 이역(異域)살이도 24년이 되어 남편은 곧 은퇴를 할 것이다. 그러므로 우리는 머지않아 가게를 정리할 것이다. 이사도 할 것이다. 그럼 나는 그 뒤의 인생이 준비되어 있나? 이 문제에 이르면 60여 년 공력도 허사가 된다. 무심도 하게. 인생의

문이 어디로 열릴지 몰라 절망하던 20대부터 이제 이 나이에 무엇을 해낼 수 있을까 자신을 의심하며 초조해 하는 지금까지, 그때나 이제나 정작은 하나도 달라진 게 없는 자신을 발견하게 되기 때문이다. 아니, 육신이 변화를 일으켜 쇠락하면 그와 비슷하게 정신적 욕구도 내리막을 타야 하건만 오히려 더 오르막을 타는 욕망. 이렇게 되면 우울의 정점(頂點)이 아니라 심연의 늪이 기다리고 있는 셈이다.

그 욕망이란 나는 아직도 꿈을 꾸고 있고, 앞으로도 포기하지 않고 꿈을 꿀 것이라는 것이다. 이 나이에 무엇을 해낼 수 있을까, 초조해 하는 심리를 의역(意譯)해 보면 그 저변(底邊)에 줄기찬 욕망이 아직도 넝쿨처럼 뻗어 나가고 있다는 말이 된다. 그러기에 '꿈을 꾸다'란 수사(修辭)는 욕망을 품다란 뜻의 미사여구일진저. 다 내려 놓아야 함에도 아직 뭔가를 획책하고 꿈꾸고 있으니 어찌 한심하지 않으며 괴롭고 슬프지 않겠는가. 끊임없이 부족하고 어리석은 인간이여! 나비의 꿈 속에서 환각처럼 사라질 인생이여! 그럼에도 불구하고 나는 천천히 익는, 꿈꾸는 열매가 되고 싶다.

먼지

글 속에도 글 있고 말 속에도 말 있다는 말이 있다. 내용에, 또 그 속 내용이 들어 있다는 의미다. 그러므로 남의 말을 듣거나 글을 읽을 때 신중해야 함은 물론 글을 쓸 때나 말을 할 때도 삼가는 마음으로 의중을 드러내야 한다. 하지만 이것은 생각만큼 쉽게 이루어지지 않는다. 만일 이를 잘 행할 수 있는 사람이 있다면 만인의 존경을 받으리라. 평생 말로 먹고산(?) 나도 이 점에 관한 한 실패의 기억이 적지 않다.

두 번째 근무하던 학교에서의 일이었다. 그 학교는 교사들의 결근 조퇴 지각이 절대 용납되지 않는 직장이었다. 만일 결근을 하게 되면 교장이 용인을 시켜 집까지 찾아가게 하여 정확한 결근 이유를 캐내었고, 조퇴 지각은 경위서를 받아, 아무도 결근 지각 조퇴할 엄두를 내지 못하였다.

심지어 부친상을 당하고도 출근해야 했던 동료도 있었다. 그랬음에도 불구하고 내 앞자리의 여선생은 늘 10시나 되어야 출근을 했다. 교장도 이에 관해 가타부타 말이 없었다. 그 해 새로

부임한 사람이었기에 나는 그녀의 형편을 잘 알지 못하였다. 또한 그 일에 관해 교장이 입 다물고 있는 저간의 사정도 알지 못하였다.

늘 10시 무렵 자리에 나타나던 그녀가 책상에 슬그머니 가방을 내려놓던 어느 날이었다. 마침 수업이 없어서 자리에 있던 나는 미안쩍게 웃음을 건네는 그녀의 부담을 덜어 주고 싶어, 이천 원짜리 내 가방을 들어 보이며 가볍게 농담을 던졌다. 선생님 빽은 내 빽 보다 더 좋아 보이지도 않는데 그렇게 맘 놓고 지각해도 돼요? 웃자고 한 말이었는데, 그녀는 그 농담을 받지 못했다. 순간 어색한 미소가 둘 사이에 흘렀다. 아하! 실수를 깨달았지만 이미 주워담을 수 없는 뒤였다.

그 후 그 학교를 떠난 뒤 그녀의 부음을 들었다. 그리고 임신 중독증으로 해산하다 고혈압이 된 그녀는 그때 투병 중이어서, 교장이 교육청에 근무하던 그녀 남편의 부탁으로 그 지각을 양해했었단 사연도 함께 들었다. 그 사연을 듣던 순간 나는 내 실수를 뼈저리게 뉘우쳤다. 죽음과 삶의 갈림길에서 몸부림하던 그녀를 돕지는 못했을망정 상처를 주었다니. 그 사실은 지금 생각해도 미안하고 또 미안하다.

또 한 번의 실수는 네 번째 근무하던 학교에서의 일이었다. 근무 연한이 길어지자 제법 중견 교사가 되어 있던 그때의 나는 학교에서 어정쩡한 위치에 있었다. 젊은 교사들과 어울리기도 뭣하고, 그렇다고 주임들과 어울리기도 그런 연배였기에, 그렇지 않아도 적은 말수가 더욱 줄어 눈총(?)의 대상이 되어 있었던 때이기도 했다.

　그런 어느 날 수업 들어가려고 이 층 충계를 오르는데 마침 교도주임이 앞서 가고 있었다. 그때 그녀는 신설 학교여서 온통 젊은 교사들투성이인 속에서 노털(지금은 꼰대라고 하나?) 취급받는 50대였다. 한데 그 날 따라 그녀는 홀보드레한 흰색 실크 원피스를 충계가 환할 만큼 차려입고 있었다. 순간 친한 척 아부 좀 해도 되겠단 생각이 들었다. 결혼 두 번 하시게요? 너무 아름다워요. 그러나 지나친 아부였을까, 그녀의 표정이 가볍지만은 않았다. 그리고 수업 끝나고 자리에 돌아와 당시 함께 걷고 있었던 옆자리 동료에게서 충고 아닌 충고를 들었다. 십 년 연하의 남편과 재혼하여 젊어 보이려고 노력하는 사람에게 그런 실례의 말이 어디 있느냐고. 아차! 또 실수. 상대의 사정을 고려하지 못하고 저지른 자신의 또 한 번 실수에 나는 화가 났다. 실수는 한 번으로 족하다. 똑같은 실수를 되풀이한다는 건 자신의 경솔함 외에 핑계가 없지 않은가. 실수를 만회하고 싶어진 나는 열심히 머리를 짜냈다.

　다음 주 똑같은 날 나는 흰색 원피스를 입고 출근했다. 똑같은 시간 똑같은 충계에 이르렀을 때 저쪽에서 그녀도 이리로 오고 있었다. 자기도 두 번 결혼해? 웬 흰 드레스? 나와 마주친 그녀의 농담에 우리는 복도가 크게 울리도록 웃었다. 그렇게 해서 그 실수는 만회한 모양새가 되기는 했다.

　그러나 지금 생각해도 그 실수들은 진땀 나도록 미안해 그녀들이 내 말 속의 말이 호의였음을 알아주길 바랄 뿐이다. 정도의 차이는 있을망정 소소한 말실수는 더욱 많다.

　그리고 살다 보면 어디 말 뿐이겠는가. 이제 와 생각하면 분명 실수였고 오류였던 것을 그 당시엔 미처 깨닫지 못하고 살아온 일도 부지기수다. 예전에 친정어머니는 외할아버지 손톱 발톱을 깎아 드리러 자주 외갓집엘 가셨다. 나중에 어머니 손톱 발톱은 외사촌 큰오빠가 깎아 드렸다고 한다. 왜 노인들은 손톱 발톱을 깎아 드려야만 하나. 왜 노인들은 매사 의존하려 할까. 왜? 왜? 시력이 감퇴하여 돋보기를 사용하게 되기 전까지만 해도 나는 노인들에 대해 의문이 많았다.

　그러나 이것이 자기중심적인 판단에서 오는 오만이었다는 걸 이제는 인정한다. 의존적인 노년의 삶은 무척 불편할 터인데… 그 사실을 받아들여야 한다고 이성은 유혹하고, 스스로 할 수 있을 거라고 버티고 싶은 심정은 오기를 낳는다. 아직도 마음만은 '해낼 수 있다'는 자존심이 삼월의 잔설(殘雪)처럼 남아 있어서인가? 철늦게 내려서 쉽게 더러워지던 삼월의 눈. 한 점 한 점 설풋이 내려 내려오는 도중 공중에서 녹아 없어지던 눈. 자존심도 오기도 실상은 이처럼 한순간에 녹아 없어지는 것들일 터인데 기억은 단단한 돌처럼 굳어져 후회와 반성을 낳는다. 돌이켜 보면 부끄럽기 짝이 없는 부지기수의 실수들. 체험하지 않으면 이해할 수도, 인정할 수도 없는 것들이 암초처럼 떠다니는 삶 속에서 실수는 어쩌면 자연스러운 현상, 삶의 수업료일지도 모르겠다.

　오만과 미련으로 해서 저질렀던 실수들이 자신을 한껏 부끄럽게 드러내 주고 있는 요즘, 그래서 나는 열심히 반성 중이다. 반성해 보면, 나는 이제껏 어느 한구석 맵짜게 일을 마무리해 놓은 것이 없다. 가령, 40년 넘게 가족을 위해 음식을 만들어 왔지만, 만족하게 맛을 완성해 본 적은 드물다. 이역(異域)살이 고달프다고, 시간에 쫓긴단 핑계로, 정성으로 만들어야 할 음식을 대충 머리로 만들어 냈으니 그 맛이 깊을 리가 없었다. 덜 볶거나 덜 익히고 끓였지만, 시간이 없으니까, 피곤하니까, 하며 그냥 불을 끄고 뜸 들일 시간도 없이 덜렁 식탁에 올리곤, 왜 그 맛이 안 나지? 혼자 속상해하던 지난날들. 내 삶의 흔적이 꼭 그 꼴이었다. 입으론 이성적이고 냉철한 체하며, 실상은 공상이 많아 종종 설게 만들거나 태워 먹기도 하던 음식 맛 같던 내 흔적들. 온 힘을 다했지만 일이 끝나고 보면 늘 허점이 드러났으나, 그간 나는 최선을 다했다는 변명으로 자신의 고통을 마취시키곤 해 왔다. 그리고 그 결과 늘 허방을 딛고 사는 것만 같은 느낌으로 번민하며 날밤을 새우기도 했다. 그 이유가 자신의 소홀함에 있었다는 걸 미처 깨닫지 못한 채. 실수를 인정하고 뼈아프게 반성하는 대신 현실과의 괴리라는 멋진 문구에게 책임을 전가하고 그 고통의 자리를 슬쩍 모면해 버린 자신의 게으름에 문제가 있었다는 것, 그 점이 바로 실수의 핵심이었다는 걸 깨달은 건 최근이다. 가을이 깊어 나뭇잎이 다 떨어져야 비로소 나무가 적나라하게 알몸을 드러내듯 나이 먹지 않았다면 절대 인정하지 않았을 부끄러운 사실들.

그러므로 비록 육신은 쇠약해지고 기억력은 퇴보해 갈지언정 부끄러움을 깨닫게 해 주는 나이 먹음은 좋은 것이란 생각도 드는 요즘이다. 깊고 좁게만 보이던 앞이 넓고 편안하게 보여, 옆 사람까지 보이는 이 관용과 평화의 시간 또한 나이 먹지 않고는 얻을 수 없는 것이었다. 갈등이 사라져가는 대신 찾아오는 반성의 은혜로움. 그래서 나는 더욱더 반성으로 실수를 닦아내며 자신의 모습을 바로 보려 노력하려 한다. 닦아내고 또 닦아내며 노력하다 보면 명경에 자신이 비치고, 그리고 드디어 만물의 출발인 먼지 같이 가벼워진 자신을 발견하게 되지 않을까 기대하며, 아니 또 공상하고 꿈꾸며. 그렇게 열심히 꿈꾸다 보면 또 누가 알랴. 글 속에 글 있고 말 속에 말 있다는 말의 의미도 좀 더 잘 알게 되어 글과 말에서 해방이 될는지.

먼지 2

만물의 출발은 먼지에서 비롯된다. 이 추정이 과연 참일까? 어느 날 청소를 하다가 문득 매달리게 된 이 명제에 잠시 주춤했다. 독창적인 내 발견일 린 없고 필경은 체험으로 유추된 명제이거나 독서를 통해 얻은 가설일 터였다. 가늘고 보드라운 티끌이 모여 사물 또는 생물체를 형성한다는 게 과연 가능한 일일까? 느닷없이 떠오른 생각에 확신을 불어넣기 위해선 시간이 필요했다. 그래서 그 후 짬짬이 머릿속에서 이 명제를 꺼내 생각을 거듭하지 않을 수 없게 되었다.

처음엔 좀 막연한 느낌이었다. 눈에 보이지 않는 티끌이니 존재하는 사물이라고도 할 수 없는 것, 하지만 일상생활과 떼어 놓을 수 없으니 존재 아닌 존재라고나 할까. 그렇다면 아예 먼지에게 존재를 부여해 보는 건 어떨까. 그러기 위해 먼지 뒤에 올 수 있는 형용사나 동사를 이어 보기로 했다. 흔히 먼지 뒤에 오는 형용사로는 '시커멓다' '뿌옇다' 등이 올 수 있다. 그러면 '시커멓다'와 '뿌옇다'의 반대 개념은 무엇일까. 아마 '하얗다'

‘해맑다’ 등일 것이다. 이미지로 보자면 ‘시커멓다’와 ‘뿌우옇다’는 어둡고 ‘하얗다’와 ‘해맑다’는 밝다. 먼지가 체언으로 쓰일 때 용언으로 따라 오는 말들이 어둡다는 건 이렇게 유추되었다. 그렇다면 어둡다란 이미지가 부정적인 것을 의미하는 한 먼지는 부정적인 존재일까?

생명 있는 존재들은 숨을 쉬지 않고는 생명을 이어갈 수가 없다. 인간 또한 마찬가지다. 우리가 숨을 들이쉴 때 매 순간 숨 한 번에 15만 개 이상 100만 개의 먼지 입자를 들이마신다는 과학 기사를 읽은 적이 있다. 흙, 모래, 암석, 금속, 식물, 등, 고형물이 파쇄되어 생긴 고형 미립자인 먼지는 대기 중에 부유하며 분진을 형성하여 인체의 기관에 악영향을 미친다. 호흡기 질환을 유발하거나 진폐증을 가져와 사망에 이르게 하는 것이 그것이다. 심지어 달콤한 꿈을 꾸게 하는 코코아나 설탕의 가루도 분진이 되면 폐에 치명적 존재가 되고 만다. 먼지의 부정적인 이미지는 이토록 쉽게 증명된다. 하지만 부정적인 이미지만으로는 만물의 출발을 이룰 수 없다. 생명의 밝은 이미지를 이끌어 올 수 없으므로.

여기서 생각이 막혀 곤곤해 하고 있을 때 만난 것이 <먼지>란 책의 일부다. 미국 메인 주의 환경 전문 작가인 한나 홈스는 이 저서에서 지상에서 가장 작은 존재의 커다란 비밀을 가진 먼지는 우주에서 날아온 자연의 전령이라고 소개하고 있었다. 그녀는 중력으로부터의 자유로운 이단자인 먼지는 이것이 존재하는 곳이면 어디든 생명이 존재하고, 이윽고 그 생명은 먼지로 다시 돌아가기에 생명의 기원으로 볼 수 있다고 주장하며, 그럼에도 불구하고 먼지는 이중성을 갖고 있다고 날카롭게 갈파하고 있었다. 생명을 잉태시키고 함께 동거하지만, 살인자로 변모하기도 하는 점을 예리하게 지적한 것이다. 저자의 이런 명쾌한 전개는 먼지의 부정적인 이미지로 고민하던 내 부담을 크게 덜어 주었다.

생명을 잉태시키기도 하고 살상할 수도 있는 존재라면 먼지가 만물의 출발이라는 생각은 전혀 터무니없는 생각이 아니었다는 점이 이렇게 해서 입증되었다. 그러나 만물의 출발뿐 아니라 만물의 귀결이라고 말해도 무리는 아닌 먼지, 그리고 부정과 긍정의 이미지를 동시에 지닌 존재 먼지, 라고까지 생각을 정리해 놓는 순간 나는 큰 한숨을 내쉬었다.

인간이 일상생활을 영위하며 만들어내는 생활 먼지, 생산과 경제 활동을 하며 만들어내는 산업 먼지, 그리고 자연 속에 떠돌거나 우주에서 내려오는 먼지 등 언제 어디서나 숨 쉬고 살아가는 동안은 함께 동거하지 않을 수 없으니, 이 하찮은 존재는 우리와 불가분의 관계로 '먼지' 취급을 할 수 없는 존재였구나. 그러니 이제 앞으론 먼지를 엄숙하게 바라보아야 할까? 돌맹이에게도 존재로서의 꿈이 있다면 먼지도 꿈을 꿀 수 있다고 인정해 주어야 할까?

하지만 먼지는 먼지일 뿐이다. 먼지에게 좀 덜 미안해지고 싶으면 아주 가끔 만물의 출발과 귀결은 먼지라고 겸손하게 기억해 주기만 하면 되겠고…… 실소와 함께 상상을 접으며 자신을 비롯한 인간의 오만하고도 이기적인 특성에 대해 반성하지 않을 수 없는 날이었다.

빛으로 짠 그물

빛으로 짠 그물

낯선 비

어쩐지 어디론가 떠나고 싶은 날이 있다. 그런 날이면 가방을 메고 혼자 집을 나서곤 했다. 낯선 식당에 들어가 혼자 밥 사 먹을 재주를 선천적으로(?) 타고난 나는 마음 내키면 동행 없이도 자주 길을 떠났었다. 그런데 그때면 꼭 비가 내렸다. 그 시절 그래서, 별명이 비를 몰고 다니는 여자였다. 대문 열고 나서면 빗방울이 듣기 시작해, 길을 포기할까 말까 망설이게 하던 비. 기로에 선 인생은 그러나 이미 그전부터였다.

아주 어려서부터 비가 싫었다. 하교 시간 무렵부터 내리는 비가 가장 싫었다. 우산 들고 교문에서 기다려 줄 사람이 없었기 때문이었다. 물론 가족은 많았지만 각기 바빠 우정 우산 들고 와 줄 만큼 한가하지 않던 시절, 게다 우리 집은 담임 선생님이 가정 방문도 포기할 만큼 우리 반에서 가장 멀었다. 그래서 우산을 기대할 수 없다는 사실을 깨달았을 때부터 인간은 혼자라는 사실도 스스로 깨우쳤다. 부처님은 태어나자마자 깨우쳤다는 걸, 뒤늦은 그 나이에 겨우 깨우친 걸 보면 나는 아둔한 아이였던 것일까? 그 먼 길을 홈빡 비를 맞으며 걸었어도 불평하지 않았고 더욱이 외롭다는 생각도 먹어보지 않았다. 그러나 척척 달라붙는 옷의 느낌, 신발에 넘쳐 흐르는 물의 꿀꺽이는 소리들은 싫었다. 그 외에 비가 싫었던 이유를 좀 더 들라면 질주하는 차량들이 휘둘러대는 불빛 사이로 빗금 치듯 쏟아지던 빗줄기가 주는 낯섦, 달리던 차들이 가끔씩 끊기며 빈 거리가 될 때 느끼던 아득함으로 해서 몰려오던 어지럼증 등이었다.

이런 느낌은 중고교를 마칠 때까지도 마찬가지였다. 그때도 역시 통학 시간이 시간 반이 넘는 거리의 학교에 다니고 있었으므로 우산을 가져다줄 사람이 없기는 매한가지였다. 제 일은 스스로 알아서 처리한다. 이것이 그 시절의 내 생활 방식이었다. 그러므로 그 시절의 감정은 슬프다거나 외롭다는 것보다는 일종의 투쟁 의식 같은 게 나를 지배하고 있었다. 오히려 그 시절 터득한 것은 비의 한계성이었다. 비는 존재를 차단하고 구분 지으며 한정한다. 구속하고 가둔다. 따라서 이 벽을 부숴야 한다. 하지만 이런 나와 달리 친구들은 비는 감미로우며 정답다고 생각하는 것 같았다. 나는 남몰래 그 한계를 뛰어넘고 싶다는 꿈을 꾸기 시작하게 되었다.

대학 시절엔 아예 비에 주저앉기도 했었다. 비 오고 바람 부는 날이면 등교를 포기한 적도 있었던 것이다. 고즈넉한 비는 나를 날개가 젖어 날지 못하는 종이 나비처럼 만들었고 적시듯 오는 비는 고통처럼 가슴에 스며, 그 무력감에 빗방울 하나조차도 어째 볼 도리가 없었다. 폭우는 더더욱 말할 나위 없이 나를 무찔러(?)

항복시켰다. 이렇게 비를 앓는 나를 친구들은 괴짜 취급했다. 하지만 이것은 혼자 극복해야 할 생의 과제라 생각되어 함부로 마음을 내보일 수도 없었다. 이런 독특한(?) 습관 때문에 인생의 중요한 순간을 놓치기도 했다. 그러나 비를 싫어하는 버릇은 쉽사리 고쳐지지 않았다. 정릉과 미아리에 혼자 눈 뜨고 내리던 비, 왕십리에 꿈꾸듯 목마르게 내리던 비, 군자동의 비는 허약하고 혼란스러운 비였다.

인천의 가라앉은 하늘을 만난 건 학교 졸업하고 4년 뒤 11월이었다. 서울에서 인천을 향한 퇴근 버스 안, 눈을 들어 밖을 내다보면 온통 잿빛의 하늘과 회색의 바다뿐. 만물이 땅으로 돌아가던 그 계절, 조락(凋落)의 빛깔은 갈색이기보다 차라리 회색이었다는 사실도 그때 비로소 알았다. 도시 전체, 그리고 바다와 하늘은 온통 회색으로 흔들리고 있었고, 나 또한 그렇게 따라 흔들렸다. 그 위에 빗방울이라도 듣기 시작하면 갈 데 없는 나그네, 기대했던 새로운 시작은 기미도 보이지 않고 주룩주룩 쏟아지는 겨울 찬비 속에서 나는 여전히 우산 없는 이방인이었다.

하지만 그 겨울이 가고 봄이 돌아왔을 때, 내 앞에는 전혀 다른 세상이 놓여 있었다. 인천 서울 사이 국도변에 꽃등을 내건 듯 환한 복사꽃 길이 열렸던 것이다. 바람이 건듯만 해도 하르르 나는 꽃잎들은 차라리 꽃비, 열매 맺기를 꿈꾸며 터뜨린 꽃망울들의 위에 속살거리며 내려앉던 구슬비, 행여 비를 부르는 바람이 거세지면 꽃잎들은 온몸으로 차창에 부딪혀 환희로 부서졌다. 이 놀라운 광경에 출퇴근 길이 즐거워져 갔다. 하룻밤을 묵고 다음날 출근길에 동행하던 막내 동생이 언니! 맨날 여행하는 기분이겠네, 부러워하기도 했다. 그리고 여름철이 되자 연도에 복숭아 행상들이 들어섰다. 광주리마다 탐스럽게 담겨 있던 복숭아들 위로 발을 구르며 미끄러져 내리던 빗방울들은 유쾌하기조차 했다. 또 복숭아 향기는 얼마나 감미로웠던가. 어느덧 나는 비로 해서 느끼던 통증에서 놓여 날 수 있었다. 이때부터 비로부터 비교적 자유롭게 되었다.

자신을 변화시켜준 그리운 비와 작별하고 새롭게 만난 객지, 뉴욕의 비는 또 다른 느낌의 비였다. 그 비는 느닷없는 데가 있는 비였다. 뉴욕은 날씨 자체가 그러했다. 하루 일교차가 삼사십 도를 넘나들 정도로 변화무쌍하여 사람들은, 미쳤어! 란 말을 입에 달고 살았다. 날씨가 사람을 미치게 하니까 사람들이 미치는 건지, 사람들이 미치게 하니까 날씨도 미치는 건지 알 수 없었다. 여우비처럼 변덕스럽고 종잡을 수 없는 비, 한데 거기 사람들은 비가 와도 개의치 않고 우산도 없이 잘도 돌아다녔다. 나 또한 이미 우산이 필요 없는 나이였다.

재이민 가듯 멀리 날아온 시애틀, 여기에서는 이제껏 경험했던 어떤 비와도 다른 비가 온다. 오는지 마는지 의식할 수도 깨닫지도 못하게 언제 어디서나 스미듯 오는 비. 퍼붓는 게 아니라 적시듯 고즈넉한 비. 이제껏 체험했던 어떤 비보다 더욱 낯선 비. 그 낯선 비를 창으로 내다보던 어느 날 문득 나는 주변에서 나지막하게 떠도는 암향(暗香)을 맡게 되었다. 고통처럼 내리던 비가 어느덧 인연이 되어 강을 이루어, 이 낯선 고장에서 이젠 나도 누군가의 우산이 되어 살아가고 있구나. 더욱이 여기선 11월에 우기가 시작되면 다음 4월이나 되어야 끝나고, 온전히 갠 날이 연중 55일뿐이라니, 짧지만 보석같이 찬연한 자연을 얻는 이 고장의 인내 또한 배워야 하겠구나.

지금의 나는 비 갠 뒤의 무지개조차 기다리는 여유를 갖게 되었다. 삶을 변화시키고 변신하게 하는 비, 정신의 허약함을 적셔 주어 알뿌리를 키우듯 힘을 길러 주는 비가 개고 나면 뜨는 무지개, 그 끝 지면에는 황금이 가득 담긴 항아리가 묻혀 있을 거라는 동화도 거침없이 받아들이는 여유 말이다. 물기가 굴절 반사되어 무지개가 떠오르듯 삶의 시간들이 비처럼 반사 굴절되어 떠오른 내 삶의 무지개. 그 무지개 아래에서 앞으로 나는 낯설면 낯선 대로 자신을 거침없이 풀어놓으리라. 그리고 비가 오면 오는 대로 머리를 들어 맨 얼굴에 인연의 비를 맞으리라. 기꺼이.

뉴욕 베이글

시애틀에 사는 조카딸 정희가 왔을 때, 가장 먹고 싶은 것은 베이글이라고 했다. 뉴욕에서 꼭 먹어 보아야 할 것이 베이글이라고 이탈리언 친구들이 추천했다던가. 사흘 머무는 동안 그 애는 줄곧 베이글만 먹다 갔다. 갓 나온 것이야 우리도 가끔 사다 먹었지만, 하루만 지나도 맛이 갔다고 굴리던 그때, 그 애는 묵은 것도 아끼고 아끼며 먹었다. 그때만 해도 우리는 베이글 맛을 잘 모르고 있었다.

그 뒤 우리 가게를 열고 베이글을 직접 판매하게 된 후, 우리는 매일 아침 베이글을 먹게 되었다. 식사 시간도 따로 낼 수 없이 바빴으므로 오가며 한 입씩 먹을 수 있는 간편성 때문에 베이글을 선호하게 된 것이다. 그러며 시간이 지나자 차츰 그 맛에 중독되어 갔다. 심지어 더 시간이 흐르자, 만일 가게를 끝내게 되는 경우가 온다면 이 베이글을 못 먹어 어떻게 하나, 살짝 염려되는 경지에 이르게 되었다.

그리고 그동안 우리의 각별한 베이글 사랑은 주위 사람들조차 물들여 놓고 말았다. 시애틀 사시는 시누님 댁은 물론, 일본에 가 살게 된 아들, 나중엔 며느리, 뉴욕으로 출장 왔다 입맛만 버리고 간 동생 딸 혜선이까지, 베이글을 그리워하게 만들어 놓아, 우리는 음식 맛이 잘 변하지 않는 겨울이면 이 베이글을 항공 우편으로 부치는 수선도 떨게 되었다.

이렇게 요란하게 사랑하게 된 베이글의 맛은 그러나 사실 무미건조가 그 특징이다. 밀가루 설탕 소금 이스트만 섞어 발효시킨 뒤 구워낸, 말하자면 한국식 개떡이다. 개떡이 물에 삶거나 쪄낸 것이라면 물에 삶아 오븐에 구워낸 것이 베이글이어서 그 맛이야 대동소이하다. 게다 이들 음식의 기원도 엇비슷하다. 보리 빻을 때 나오는 겨조차 아껴 먹어야 했던 보릿고개 시절, 그 겨를 모아 반죽해 삶아 먹었던 겨떡이 게떡 개떡으로 음운변화(?)를 일으킨 게 개떡이다. 베이글은 2,000여 년 전부터 유대인의 아침 식사였다. 그들의 고난과 전통을 고수하는 생활 방식은 구태여 설명할 것도 없지만 그들의 전통 음식 맛쯤만 보더라도 베이글의 시초는 짐작되고도 남음이 있다. 두 음식은 모두 그 민족의 고난과 눈물 속에 생성된 과정을 갖고 있다. 하지만 개떡은 그 사회에서 빠르게 잊혀 간 반면, 베이글은 그 사회로부터 더 넓은 세계로 전파된 음식이란 점에서 다르다.

베이글이 세계인의 입맛을 사로잡게 된 계기는 오스트리아에서 미국 동부로 이주한 유대인들에 의해서라고 한다. 엔싸이버 백과에 의하면 17세기 중반 오스트리아와 터키가 전쟁을 하게 되었을 때, 전세가 불리해진 오스트리아가 폴란드에 구원병을 요청했고, 폴란드가 기마병을 지원해 전쟁이 승리로 끝나자, 왕은 유대인 제과업자에게 등자 (말을 탈 때 발을 디디는 기구) 모양의 빵을 만들게 해 폴란드 왕에게 감사의 뜻을 나타내었다고 한다. 이런 베이글의 어원은 독일어로 등자를 뜻하는 뷔글(bugel)이다.

전형적인 유대인의 베이글은 그 유래만큼이나 딱딱하다. 말발굽처럼. 베이글을 대중의 총아로 만든 것은 이탈리언들이다. 그들은 딱딱한 껍질은 유지한 채, 속을 빵처럼 말랑하게 확대 재생산(?) 해냈다. 이것이 뉴욕 베이글이다. 따끈 바삭 쫄깃하고 말랑한 맛. 우리 가족이 선호하는 베이글은 뉴욕하고도 부르클린 86가, 스티브의 베이글이다.

베이글의 모양은 도넛이다. 그 이유는 오븐보다 낮은 온도인 끓는 물에서 반죽을 익혀야 하므로 열 전도율을 높이기 위해서다. 그래서 도넛에 열광하는 미국인들은 기름에 튀긴 도넛을 먹으며 칼로리를 염려하는 대신, 베이글을 집어들며 죄책감을 쏙 뺀 도넛이 베이글이라고 기뻐한다. 베이글 예찬자들은 심지어 세계 10대 발명품 중의 하나가 베이글이라고도 한다. 나침반, 금속활자, 총, 등과 어깨를 나란히 하는 발명품이라니. 과장이 좀 심했다 싶지만, 그만큼 베이글은 속이(?) 꽉 찬 녀석이다.

그러므로 베이글의 맛을 제대로 느끼려면 잘 씹는 것이 관건이다. 적당히 딱딱한 껍질에 음전하게 말랑한 속을 음미하려면 구운 오징어 씹듯 끈기 있게 잘 씹어 주어야 하기 때문이다. 개떡이 적당히 질겨서, 씹으므로 해서 그 맛을 느끼게 하듯, 베이글은 치밀하게(?) 씹지 않으면 제맛을 느낄 수 없다. 인간 본능 중의 하나가 저작(咀嚼) 행위다. 혀로 핥아 세상을 감지하고 인식하는 유아를 보면 그들은 딱히 식욕을 느끼지 않아도 무언가 씹기를 원한다. 그리고 성인이 되면 소문을 씹고, 타인의 흉을 씹어 스트레스를 해소한다. 이처럼 씹는 것을 좋아하는 인간들이 제대로 치밀하게 꽉꽉 씹을 수 있는 베이글을 만났으니 이토록 흐뭇한 일이 어디 있겠는가. 베이글의 마지막 조각을 씹어 삼킬 때의 느낌은 그 기쁨이 마감되는 아쉬움을 남길 뿐이다.

간소한 맛, 저작의 기쁨을 안겨 주는 사랑스러운 맛, 이 맛과 헤어져야 할 날이 드디어 닥쳤다. 남편의 은퇴로 가게를 정리하기로 한 것이다. 게다 거주지로 뉴욕이 아닌 시애틀 근교를 선택하고 보니 베이글과는 영 이별을 하게 되었다. 어디를 가서 먹어도 뉴욕 베이글만 한 것이 없다고 모두 이구동성인데, 여섯 시간 비행기 타고 베이글 사러 갈 수도 없고……

그래서 시애틀 이주 후, 나는 집에서 직접 베이글을 만들게 되었다. 그러나 밀가루 10파운드를 소모하며 그 맛을 재현하려 노력했으나 매번 실패를 거듭했다. 아무리 해도 그 맛이 나타나지 않았다. 그러다 우연히 그 이유를 알게 되었다. 바로 물맛이었다. 뉴욕에 살 때는 모르고 살았는데, 거기를 떠나고 보니 그 고마움을 새삼 절감하던 중, 뉴욕 수돗물을 병에 담아 파는 사람이 있다는 봉이 김선달 식의 신문 기사에서 뉴욕 피짜나 베이글 맛을 어디

가서도 다시 만날 수 없는 이유는 물맛이라고, 그래서 그 물을 병에 담아 팔아도 승산을 볼 수 있다고 설명하고 있었다.

　뉴욕 베이글 맛의 기본은 물이었구나. 물 맛! 뒤통수를 한 대 얻어맞은 느낌이었다. 기본도 갖추지 않고 맛을 탐하였다니. 황당한 순간, 그 경황 중에도 나는 슬몃 자신을 돌아보게 되었다. 이만큼 나이 먹으며 인간으로서의 기본은 갖추었는가, 사람됨을 이루는 덕목은 기본적으로 깨우치고 있는가, 글을 쓴답시고 기본기는 갖고 있는가. 공자는 사람 셋이 걸어가면 그중 하나는 자신의 스승이라고, 도처에 널린 배움을 가르쳤다. 한데 한 걸음 더 나아가 베이글에서조차 가르침을 받게 될 줄이야. 눈앞의 비늘이 떨어지며 머릿속이 명징하게 밝아 왔다. 이래서 삶은 나이 들수록 더욱 낮은 자리로 내려앉으며 배워 가는 것이구나. 아하! 그러므로 오늘도 나는 낮은 자리-부엌 바닥에 쭈그리고 앉아, 욕망으로 분열되는 마음을 반죽하듯 열심히 베이글 반죽을 하고 있다.

발효

　김치찌개 만들기는 은근히 까다롭다. 정말? 김치에 물만 부으면 되는 걸. 천만에. 그렇지 않다. 그것은 한국인이라면 누구나 쉽게 끓일 수 있다고 생각하는 라면에 의외로 수많은 개성적 비기(秘技)(?)가 소문처럼 강호에 떠도는 것과 비슷하다.

　우선 그것은 김치 맛에서 시작된다. 그리고 김치 또한 만만한 물건(?)이 아니다. 먼저 배추가 관건이다. 속이 노랗게 꽉 차기만 해도 안 된다. 겉잎은 시퍼렇게 넌출거려야 한다. 맛은 뜯어 먹어 보았을 때 약간 쌉쌀 매콤하면서도 구수한 맛이 돌아야 한다. 다음은 고춧가루다. 아무리 좋은 배추를 만났어도 고춧가루 때깔이 좋지 않으면 시간이 지나며 김치는 검은빛으로 변해 간다. 또 그뿐만이 아니다. 젓갈, 파, 마늘, 생강의 양과 담아낼 용기, 심지어 날씨까지도 제대로 맞아야 한다. 이렇게 여러 재료와 조건이 어우러져야 제대로 된 맛이 나는 김치. 그런 김치로 끓인 찌개라야 입에 착 감기는 맛을 낸다. 한국인이라면 그깟 김치

라거나 김치찌개라고 흔하게 치부하는 음식도 정작 제맛을 내려면 이토록 만만치 않은 과정과 수고를 거쳐야만 한다.

김치만이랴. 술, 장, 젓갈, 식초, 식혜, 빵 등은 요리 과정을 마쳤다고 곧 음식이 되지 않는다. 만드는 사람의 숨죽임, 공들임, 참고 기다림이 어우러져 어느 한순간에 도달했을 때, 비로소 음식이 된다. 그것을 우리는 소위 발효 과정이라고 부른다. 발효는 어느 순간 공기가 없어지는 진공 상태에서 재료들이 서로 고통을 삭이며 섞인 뒤, 슬며시 몸을 풀어 새로운 물질로 환원되는 과정을 말한다. 그러므로 발효란 시간과 공간의 어울림, 조화와 기다림의 과정, 즉 인간과 물질이 서로 조화를 이루며 만나는 과정이다. 자연과 인간의 욕망이 참다랗게 어울려 새로운 세상을 여는 상태. 만일 이를 창조의 과정이라고 부른다면 너무 과장이 되는 걸까.

글쓰기의 수고도 이와 다르지 않다. 글감이 글 쓰는 사람의 정신에 얹히면 숨죽임 공들임 기다림의 진공 상태에서 고통이란 발작(?) 과정을 거쳐 발효를 끝내고 새로운 질서를 얻어 언어에 의해 작품으로 풀려나는 과정을 겪는다. 이렇게 흔연하게 발효가 된 작품들은 읽는 이의 정신을 울리고 가슴을 뛰게 한다. 시간과 공간을 한 붓에 후려 슬쩍 훑은 흔적처럼 절묘한 소동파의 <적벽부>는 어떠한가. 望美人兮天一方이라고 읊은 그의 솜씨는 읽을 때마다 되풀이 감탄을 하게 된다. 또한 '술 익는 마을마다 타는 저녁 놀(酒熟江村暖夕暉)'이란 시상(詩想)을 "나그네 긴 소매 꽃잎에 젖어/ 술 익는 강 마을의 저녁노을이여/ 이 밤 자면 저 마을에/ 꽃은 지리라"(<玩花衫>), "술 익는 마을마다/ 타는 저녁 놀/ 구름에 달 가듯이/ 가는 나그네" (<나그네>)라고, 각기 형상화한 조지훈과 박목월의 경지는 어떠한가. 이들의 극치를 이룬 시상의 발효에 이르면, 스승이 그리워 목이 메는 슬픔에 앞서, 그들에 대한 외경감으로 절로 머리가 숙어진다.

그래서, 아무리 머리를 쥐어짜도 미련이 앞선 탓인가, 욕심이 앞선 탓인가, 발효는커녕 정신은 길을 잃고 문맥은 단애(斷崖) 앞에 선 듯 툭툭 끊어지는 날, 어디엔가 조난(遭難) 신고라도 내고 싶은 심정이 되면 나는 오규원의 시를 읽는다.

"언덕에서 나무의 잎들이 서로를 보고 서로를 베끼고 ~ 나무의 잎들이 보이는 책상 앞에 앉아 눈부신 백지를 펴 놓고 쉬엄쉬엄 육조단경을 베낀다 ~ 쓰르라미가 산뽕나무에서 운다 莫쓰不이識오法意쓰自錯이猶可오更쓰勸이他오人自迷쓰이오不見 동시에 적는다 한동안 쓰이오가 쌓이도록 자리를 비워 둔다 쓰이오 쓰이오 쓰이오 쓰이오…… 쓰스으 쓰르라미는 스스로를 비우고 문자로 이어진다~"(<나무와 잎>의 일부)

읽기가 이에 이르면 나는 그만 실의에 빠져 납작 엎드리는 심정이 된다. 불을 훔친 프로메테우스처럼 천연덕스럽게 자연을 훔치고 있는 시인, 자연을 베끼고 있는 그의 경지에 기가 탁 막히기 때문이다. 이건 발효의 시기를 지나 아예 숙성되어 까아마득하게 올려다보이는 신의 경지가 아닌가. 쓰이오 쓰이오 쓰쓰 맴맴 매앰—ㅁ. 매미는 9년을 땅속에서 별러 열흘의 지상을 살고 간다지. 그렇다면 나는 오십 년을 별러 몇 년을 쓰고 갈 것인가.

　부끄럽게도 나는 글쓰기를 마음에 품은 지, 이태백의 과장법을 차용한다면 반세기가 넘었다. 그러나 일가를 이루기는커녕 이제 겨우 입문한 사람처럼 아직도 길 초입에서 빌빌거리고 있다. 어리석게도 나태했기 때문일 것이다. 퇴고 많이 하기로 유명한 두보는 작품마다 하인에게 읽어 주어 그가 눈물을 흘려야만 만족해하며 작품을 마무리했다 한다. 또 조지훈은 <승무>의 '나빌레라' 한 단어를 얻기 위해 삼 년이란 세월을 공들였다고 한다. 이름난 대가들도 이토록 작품의 발효에 공을 들이거늘 그동안 나는 과연 글쓰기에 얼마나 공을 들였던가.

　하긴 나는 종일토록 하이, 땡큐, 바이! 세 마디만이 언어인 지난 이십 년을 살았다. 생계로 정신은 늘 시끄러웠다. 작품을 숙성시킬 낮은 숨을 유지할 겨를이 없었다. 그러나 이건 자기변명이다. 아니 핑계다. 식혜나 막걸리의 노오란 액체에서 밥알 하나가 쏘옥 올라올 때까지 노심초사 공들이다 비로소 살풋 회심의 미소를 지으시던 어머니, 그분은 그것을 노동으로 여기지 않으셨다. 마찬가지로 내게 글쓰기는 노동이 아니었다. 그럼에도 나는 글쓰기에 김치찌개 끓이는 정성만도 못하게, 공을 들이지 않았다. 그러니 자신의 게으름을 탓해야 한다. 만일 생계에게 핑계를 댄다면 생계(?)가 참으로 억울해할 것 아닌가.

　살아 놓고 보니 사람에게도 글쓰기에도 공을 들이지 못한 세월이었다. 이제 겨우 제 길에 돌아와, 무엇인가 발효시켜 보겠다고 나서긴 했는데, 빵은커녕 호떡이라도 똑바로 구워낼 수 있을는지. 그 주제에 언감생심, 언제 읽는 사람의 마음을 훔칠 수 있겠는가, 욕심조차 내고 있으니 실로 후안무치가 아닐 수 없다. 배추와 고춧가루를 제대로 골라야 김치를 시작할 수 있건만, 내게 다가오는 글의 제재들을 배추나 고춧가루 고르듯 해서 딱 부러지게 제자리에 앉히는 수고나 제대로 하고 있는지도 의심이 된다.

언제가 되어야, 허공이 공허한 것을 바로(正) 읽고, 그 공허한 허공의 뜻을 바로(正) 쓸 수 있는 경지에 닿을 수 있을까. 그래서 나는 금년 초에 비로소 굳건한 소망 하나를 세웠다. 베이글 반죽이 발효가 잘되길 바라고, 내 작품 또한 오지독 속에서 잘 익은 김치처럼 醱酵가 되어, 읽는 이의 마음속에서 發效하기 바란다고. 아마 이건 노골적으로 까다로운 난제가 될 것이다.

그거 한 움큼

왕은 세 아들을 두었다. 어느 날 그는 아들들에게 과제를 내었다. 깃털을 따라가 마법의 융단을 타고 돌아오라. 만일 성공하면 왕관을 물려주겠다. 소극적인 셋째 아들은 그 과제를 이룰 수 없을 거라고 미리 포기했다. 그때 그의 앞에 네 인물이 나타났다. 철자, 단어, 문장, 읽기의 캐릭터였다. 그들은 차례로 바른 철자, 단어 선택, 문장 활용, 올바른 읽기를 그에게 보여줬다. 그들이 보여 준 것은 '긍정하라'였다. 마침내 그는 생각을 바꿨다. 나도 할 수 있어! 그는 마법의 융단을 타고 형들보다 빠르게 돌아와 아버지의 왕관을 받았다.

TV 극이 끝나자 두 살배기 아이는 막대를 두드리며 춤을 추었다. 그리고 춤이 끝난 순간 제가 무슨 최민수라도 되는지, 횟 입바람을 불어 앞머리칼을 찰랑 날리며 내게 와 안긴다. 행복한 순간이다. 직업(?)이 애보개다 보니 아이의 기분에 따라 하루의 내 행복도 이렇게 왔다갔다한다. 아이들의 자는 얼굴을 들여다

보고 있으려면, 세상의 고요가 온통 거기 고여 있다. 평화, 행복, 그 자체다. 하지만, 행복해요? 이 순간 누군가 묻는다면 '네!' 선뜻 대답할 수 있을까?

들은 말에 의하면 행복은 유치하고 가벼운 감정이란다. 행복의 여신 또한 그러기에 유치하고 가벼워 잘 토라지고 삐친단다. 그런 그녀는 환하고 청결한 분위기를 사랑해, 집안이 어수선하면 실망하여 순식간에 떠나버린단다. 집안을 늘 정리 정돈하고 청결히 해야 하는 이유가 여기에 있다나. 그럴싸한 말이다. 잡동사니와 벗어 던진 옷가지가 널려 있고, 설거지가 쌓여 있다면, 그 집에 사는 사람들은 마음이 정리가 안 돼, 더 짜증 내고 더 스트레스를 받아, 갈등으로 마찰을 일으킨 나머지 행복이 머물 자리가 없을 터이기 때문이다. 그러므로 그녀를 머물게 하려면 정리와 청결을 늘 몸에 익혀야 한단다. 하지만 이건 쉬운 일이 아니다. 습관이란 오랫동안 반복 훈련한 결과이기에.

10여 년 전 서울을 방문할 일이 있었다. 마침 방학철이었다. 뉴욕을 출발한 비행기 안은 풍선처럼 들떠 있었다. 소곤소곤, 낄낄, 부스럭부스럭. 서울에 도착해 내릴 준비를 하며 기내를 둘러봤다. 대체 어떤 녀석들이 내 휴식을 방해했을꼬. 허나 아이들은 언제 그랬냐 싶게 점잖은 모습이었다. 기내도 깨끗했다. 돌아올 때도 마찬가지였다. 어학 연수하러 오는 아이들이 많았던 탓이다. 뉴욕에 도착하고 자리에서 일어나며 다시 기내를 둘러보았다. 먹고 난 음식 껍데기, 빈 음료수통, 구겨진 신문지 조각, 비닐봉지, 등등, 기내는 쓰레기통을 방불케 했다. 참 다른 모습이었다.

그 후 종종 그 일이 떠올라 마음이 찜찜했다. 왜 그랬을까? 습관이란 사회가 요구하는 가치관에 의해 형성되는 것. 입시 공부 외 모든 의무가 면제된 탓에 남을 배려하거나 사회 규칙, 생활 습관을 바로 익힐 기회를 얻지 못한 탓이라 짐작되었다. 하지만 만일 이다음 그 아이들, 아니 그 어른(?)들 집에 행복의 여신이 찾아왔다가 순식간에 삐쳐 가버린다면 이를 어쩌지? 이웃집 할망구의 지나치게 친절한 이런 마음(婆心)을 누가 말리랴.

그렇다면 어떤 상태를 우리는 행복이라 부를까? 누구는 욕망을 충족시킬 재화-돈이 있으면 행복하다고 한다. 또 돈보다 더 중요한 건 건강이기에 건강하면 행복하다고 한다. 스트레스를 받는 업무에서 비켜나 휴식을 하는 동안 행복하다고도 한다. 이성 간의 사랑이건 자기를 알아주는 친지들의 사랑이건 누군가의 관심을 받을 때 행복하다고도 한다. 마음을 나눌 수 있는 친구를 가졌을 때, 맛있는 음식 앞에 앉았을 때 행복하다는 사람, 줄어드는 세월 속에서 의연하게 슬퍼하지 않는 노인 또한 행복한 사람이라 한다.

하지만 이런 요소가 모두 충족된다 해서 행복할까? 국가 총행복지수에서 가장 앞서던 부탄의 국민들이 국민 소득이 오르고 TV가 보급되자 그 지수가 17위로 떨어졌다 한다. 또한 지난 10년 새 한국은 상대 빈곤율이 두 배로 악화되었다 한다. 이는 불행을 느끼는 사람들이 두 배로 늘었다는 말과 같다. 더 갖고 싶은 마음, 남과 비교하는 마음이 이 두 나라 국민의 행복을 깨뜨린 것이다.

　이처럼 남과 비교하는 한 행복은 지속되지 않는다. 돈이 있어도, 건강해도, 친구가 있어도, 맛있는 음식을 먹어도 그 고마움을 모르니 행복이 들어올 자리가 없다. 따라서 비교하지 않아 어떤 욕구에도 마음이 흔들리지 않는 평정심의 경지, 갈등 없는 마음자리가 행복이 아닐까. 하지만 이런 경지는 선승일지언정 쉽지 않다.

　게다 오늘날 우리는 평정심을 잃어도 위로받을 곳이 없다. 장독대나 부뚜막에 떠 놓고 빌던 어머니의 정화수가 사라진 뒤로 위로를 잃었기 때문이다. 자의에 의해, 혹은 타의에 의해 어머니의 위로를 타기해 버린 우리는 오늘날 고작 한 잔 술에게나 마음을 풀고 살 뿐이다. 하긴 혹자는 물신에게서 위로를 받는다 한다. 그러나 모두가 경배를 올리는 돈은 한곳에 머무는 것이 아니다. 그야말로 돈은 깃털처럼 가볍다.

　고백하건대 젊은 시절, 행복이란 엄숙하고 절대적인 개념이어서 인내하고 기다려야 온다고 생각했었다. 그래서 현실을 희생하며 고지를 향해 달렸다. 그러나 도달해보니 그건 깃털만큼 가벼운 것이었다. 주변을 떠도는 따뜻한 말 한마디, 긍정의 시선, 그게 행복이었다. 하기에 행복은 언제 바람 불어 흔들릴지 모르는 호수의 수면과 같다. 또한 뱀들이 머리를 들고 우글거리는 우물 속에서, 벽에 매달려 고통으로 입을 벌린 순간, 우물가에 선 나무의 벌집으로부터 입속을 향해 떨어지는 한 방울의 꿀과 같은 것이었다.

봄볕에 말린 차 한 움큼만 한 행복. 아니, 그거 한 움큼만 있어도 행복은 많다. 한 방울의 꿀, 허공에 맴도는 깃털보다 차 한 움큼이면 많은 셈 아닌가. 그런 걸 열정을 다하여 두 눈 부릅뜨고 평생 노고를 아끼지 않으며 생명을 축내 왔구나. 아하! 이게 사는 것이로다. 그러니 '말의 힘'을 믿고 손자 녀석과 함께 마법의 융단을 인도해 줄 깃털을 기다리는 수밖에. 그게 <포레스트 검프>의 깃털만 하길 바라면 너무 욕심내는 걸까? 하하!

기쁨과 행복

우리 집에는 기쁨과 행복이 있다. 다른 집엔 없고 유독 우리 집에만 있는 것. 그 이유는 기쁨은 손주고, 행복은 손녀이기 때문이다.

손주는 2년 8개월이 되도록 아직 말을 잘 못한다. 남자는 말이 느리다거나, 말이 늦되는 아이들도 있다는 말로 사람들은 위로(?)하지만 애들 어미는 은근히 신경이 쓰이는 눈치다. 요즘처럼 앞서 가기를 경쟁하는 세상에 왜 안 그럴까. 에미 심정이 실감 나게 짚인다. 하지만 손주 성훈이에게는 또 그럴만한 사정이 있다.

보통 이중 언어 가정의 아이들이 말이 더디다고 한다. 한데 이 녀석은 이중은커녕 삼중 언어다. 생후 1년 3개월에 일본에서 귀국한 녀석의 유아 시절 환경어는 일본어였다. 돌아온 후는 영어다. 한데, 우리 가정은 한국어다. 귀국 후 아들 며느리는 의논하여 가정어를 한국어로 정했다. 한국어를 잊지 않게 길러 줘

고맙다는 아들의 의견이 많이 반영된 결과다. 하니까 일본의 이종(姨從)들과 대화하려면 일본어가 필요하고, 가정에선 한국어를 쓰고, 사회생활에선 영어를 써야 할 아이는 부담이 크다. 하지만 아직 그런 짐을 의식하지 못하는 아이는 머리에 입력되는 데로 입 밖으로 뱉어내 우리를 즐겁게(?) 한다.

아이가 말하는 일본어는 죠다이 뿐이다. '~주세요'. 하지만 DVD의 내용은 거의 다 이해한다. 한국 드라마를 볼 때 아이를 지켜보면 심정적으로 퍽 안정이 되어 보인다. 영어로 보는 TV는 일상어가 되어서 그런지 가르쳐 주지 않아도 스스로 말한다.

그 애가 한 첫 말은 엄마 아빠 맘마 외, '이거'다. 첫돌 넘기며 배운 그 말로 아이는 거의 의사 표시를 다 했다. 제가 원하는 걸 이 말 하나로 다 해결했다. 그리고 동작 언어를 활용했다. 배부르면 가슴을 두드리고, 다 먹었으면 만세를 부르고, 맛있으면 손가락으로 볼을 문질렀다. 자고 싶으면 두 손을 귀에 포개 대고 '넨네'(이건 일본의 유아어다.)라고 말했다. 그게 귀여워 우리는 똑같은 동작을 자꾸 반복하기를 요구하기도 했다.

그 무렵 아이가 저녁에 자러 갈 때, 나는 장난삼아 'See you tomorrow!'를 말해 주었다. 그러자 얼마 지나지 않아 아이는 'See you'를 따라 하기 시작했다. 어느 날 아침이었다. 부엌에서 손을 씻고 있는데, 계단 위에서 아이가 '해프'라고 소리쳤다. 혼자 계단을 내려오기엔 아직 이른 나이였기에 부지런히 쫓아가 보았다. 그리고 다시 외치는 해프를 잘 들어보니 기막히게도 정확하게 발음하는 'Help!'였다. 아무도 가르치지 않은 말을 하다니! 너무 놀라워 나는 아이를 꽉 끌어안았다. 그다음부턴 혼자 느는 말이 줄줄이었다. 'No!'도 한때 성훈이의 유행어(?)였다. 백인들처럼 부산하도록 길게 끄는 'No~'. 한때는 'Not me'도 즐겨 썼다. '토마스와 친구들'에 빠져 있는 아이는 그 동작을 그대로 흉내 내 go, stop, down, pull, up를 익혔다. 그 외 please, okay, sorry, all aboard도 스스로 뱉은 말이다. 아빠가 출근할 때면 'Bye, Dad!', 아침이면 'Good morning!'. 기분이 좋으면 High five를 하잖다. TV의 학습 효과가 이토록 놀라울지 정말 몰랐다.

그 중의 압권은 'Thank you'다. 제가 좋아하는 TV프로 'Caillou'에서 배운 뒤였다. 제가 'Thank you'라고 말했는데, 우리가 'You are welcome'이라고 대답을 안 하면 그 말을 들을 때까지 쫓아다니며 반복했다. 내 경우엔 'Anytime'이라고 대답했더니, 내겐 또 꼭 이 말을 들어야만 했다.

기가 막힌 말은 Fork다. 식사 도구를 가르치며 한 말 '훠어크'를 처음엔 정확하게 따라 했다. 한데 시간이 지나자 'Fuck you'가 되어 버렸다. 이런 민망한 일이 어딨담. 하지만 아직 욕인지도 모르는 아이한테 그 말 하지 말라고 했다간 언어 습득에 장해를 받을지 몰라 조심스러워, 말리지도 못하고 들을 때마다 팔짝 뛰고 싶은 심정이다.

그런 그 애가 근래 우리를 탄복시킨 일이 일어났다. 어느 날인가부터 기차를 가지고 놀면서 '척스'라고 말했다. 따라서 흉내를 내면, 발음이 그게 아니라고 짜증을 내면서. 뭘 말하는 걸까? 궁금증은 곧 아이에 의해 풀렸다. TV 화면에 Track란 단어가 크게 뜨자 뛰어가 손으로 짚으며 '척스'라고 의기양양한 얼굴을 했다. 아하! 트랙스! 기차를 가지고 놀며 기찻길을 말한 거였구나. 한데, 애가 글자를 어찌 기억하지? 하긴 요즘 아이는 알파벳과 숫자를 말하고 읽기도 한다. 아빠가 A 하고 따라 하라면, 전 B 하며 건방까지 떨며. O,T,W, 등, TV에 문자가 뜨거나 길 가다 알파벳이 보이면 아무렇게라도 주워 읽는다. 어느 날은 장난감 기차를 짚으며 one, two, three, four, five를 말해 우리를 놀래켰다. 그러니까 에미애비는 우리 아들 천재 아냐? 너스레를 떨며 기뻐한다.

비록 말은 더디지만, 머리에 입력된 건 많아 이제 그게 슬슬 나오고 있는 모양이다. 심지어 요즘은 '자기'란 말을 해서 우리를 웃긴다. 에미애비가 주고받는 말을 기억했다 써먹는 건데, 들을 때마다 우리는 자지러지게 웃는다. 그게 기뻐 아이는 더욱 그 말을 쓴다. '내'란 말도 그 애가 좋아하는 말이다. '내가 할께.'의 '내'인데, 뭐든 제가 한다고 나선다. 돕고 싶은 마음에선지 참견하고 싶어선진 모르지만, 뭐든 '내'다.

요즘의 더 귀여운 짓은 기도하기다. 근래에 에미애비 따라 교회에 나가기 시작했는데, 기도 하라면, 아이들이 황금박쥐 흉내 내며 손가락을 둥글게 해 눈에 갖다 대 듯 손을 대고, '하미─'라고 말하며 고개 숙인다. 하미는 하느님이다. 할머니가 하무이인 아이가 하느님을 하미─라고 하니 헷갈리기도 한다. 할아버지 발음이 어려운 아이는 그걸 아티라고 한다. 아이스크림을 아끼라고 하니 이건지 저건지 잘 구별해 들어야만 한다.

고집 세고, 떼도 잘 쓰고, 울기도 잘하지만, 아이의 이런 모든 성장 과정은 우리에게 기쁨을 안겨 준다. 미숙하지만 아이만이 가져다줄 수 있는 기쁨, 그래서 우리는 하루가 즐겁다.

아린이는 성훈이 23개월에 태어났다. 지금은 9개월. 성장 속도가 놀랄 만큼 빠르다. 삼칠일에 옹알이 시작하고 두 달 되어서 소파에서 힘차게(?) 떨어진 아이. 6개월에 한 살짜리 신체 치수를 간단히 넘겼다. 그러니 제 또래 옷은 맞질 않는다. 선물 받은 옷 중 못 입힌 것이 더 많다. 힘이 좋으니까 3개월 20일 만에 뒤집기 하고 4개월에 기기 시작했다. 6개월에 일어나 앉았고 이도 났다.

일어나 앉았는 걸 보면, 꼭 미숙한 곰 한 마리가 엉거주춤 웅크리고 있는 것만 같다. 그것도 새끼 곰, 봉제 인형 곰 말이다. 안아보면 그 말이 실감 난다. 포옥 안기는 느낌, 알맞은 크기가 딱 그런 말을 떠올리게 한다. 실제로 아이는 소띠니까 송아지라고 해야 할 터인데, 그러나 애비는 아이를 안고 '돼지 한 마리, 돼지 한 마리'라고 노래 부르기도 한다. 요즘은 윗니까지 나서 안고 있는 사람을 수시로 깨문다. 공씨네 아이임을 틀림없이 증명하듯.

아이는 성장 과정만 빠른 게 아니다. 감정 표현이 놀랄 만큼 정확하고 풍부하다. 옹알이할 적부터 안아달라고 하고 싶으면 두 팔을 벌렸고, 눈을 맞추며 웃거나 소리 내어 의사 표시를 했다. 그리고 배가 고프거나 자고 싶을 때 우는 것을 제외하곤 하루종일 벙실벙실 웃는다. 음악이 나오면 엉덩이를 흔들며 펄쩍펄쩍 춤도 춘다. 온종일 들여다보고 있어도 또 보고 싶은 예쁜 놈. 저절로 꽃님아! 달님아! 가 입에서 튀어나오게 만드는 아이. 우리 부부는 아이의 얼굴에서 천국을 본다. 이 애가 없었으면 어쩔 뻔 했지? 서로 마주 보고 웃으며 생명을 주재하시는 분께 무한한 감사를 드리고 싶은 심정이다. 이게 행복이 아니면 무엇인가. 늦은 저녁 잠자리에 들려 할 때, 애 애비가, 애 좀 봐 주세요, 하고 데려오면 우리는, 네가 우리에게 행복을 안겨 주니 고맙다, 하고 얼른 받아 안는다. 침대 위에서 목 울림 소리를 내며 누워 뒹굴고 있는 아이를 들여다보며 어르고 있다 보면 잠잘 일도 잊는다. 이런 순간이 우리에겐 가장 행복한 시간이다.

이러니 아이들 이름을 기쁨과 행복이라고 불러도 지나침이 있겠는가. 시어머님 제삿날 나는 어머니에게 아이들을 소개했다.

"어머니! 이 애가 기쁨이고, 저 애는 행복이에요."

물론 조부모에게 있어서 자손 사랑은 당연하다. 자랑도 당연하다. 하지만 자랑만 하기 위해 이 사랑을 늘어놓는 것은 아니다.

이담에 아이들이 성장한 뒤, 혹 의기소침해지거나 자존감을 상실할 경우, 이 글을 읽었으면 해서다. 어린 시절 한때 누군가에게 기쁨과 행복의 존재였던 걸 알게 되면 아이들은 자신을 좀 더 소중하게 생각하고, 존재에 대해 자부심을 가져, 자신감을 되찾게 되지 않을까. 아이들을 기쁨과 행복이라고 이름 붙인 이유가 바로 여기에 있다.

그리고 흔히들 자손이 사랑스러운 건 내리 사랑이라서 거나, 부모보단 책임감이 덜하기에 맘 놓고 사랑하기만 하면 되어서 그렇다고 하는데, 아이들을 돌보다 보니 여기엔 간과된 사실이 하나 있음을 알게 되었다. 나이 들어가며 더욱 분명하게 깨닫는, 생명에 대한 외경감이 그것이다. 아이들 얼굴을 들여다보고 있으면 순수한 생명, 존재의 기쁨, 그 자체를 좀 더 절실하게 느낄 수 있다. 또한, 나이 든 사람만이 느끼고 깨달을 수 있는 생명에 대한 기쁨이 있다. 그야말로 존재는 축복이다. 기쁨과 행복이다. 그러기에 비록 찰라에 부스러지는 감정, 살얼음처럼 깨지기 쉬운 감정, 물거품일지라도 거기서 은혜조차 느끼게 된다. 해서, 자손에 대한 애정 표현이 너무 과장되었다고 누군가 퉁을 준다해도 이 기쁨과 행복은 우리 집에만 있는 것이라고 나는 감히 강변할 수 있다. 그리고 반복하여 말할 것이다. 우리 집엔 유별한 기쁨과 행복이 있다고.

허기

　배가 고프다. 흘낏 시계를 본다. 시계침은 자정을 향해 가는 중이다. 보들레르가 그의 산문시 <오전 한 시에>에서 '아아 이제야 겨우! 혼자다! 뒤늦게 돌아가는 지칠 대로 지친 몇 대의 마차 굴러가는 소리 밖에는 아무것도 들리지 않는다.'라고 일상에서 벗어난 기쁨을 즐겁게 외치던 시간이 가까워져 오는 무렵이다. 그의 말대로 나 자신에 의해서가 아니고서는 괴롭혀질 아무것도 없는 기쁜(?) 이 시간, 한데 왜 시장기가 느껴지는 걸까? 저녁을 적게 먹어서일까? 뭔가 한입이면 시장기가 가실 것 같은데…… 부엌엘 갈까 생각하다 순간 귀찮아져 포기하고 만다.

　종종 먹는 걸 잊어버리는 날도 있다. 저녁 나절쯤 시장기가 돌아, 오늘 내가 뭘 먹었지, 더듬어 보면 온종일 아무것도 먹지 않았다. 혼자 두면 굶어 죽을 사람이라고 가족들은 질색하지만 내 이 버릇은 쉽게 고쳐지지 않는다. 그러나 어떤 날은 가족과 함께 분명 저녁 식사를 했음에도 즉시 시장기가 돌기도 한다. 오늘처럼.

배가 고프다. 무엇 때문이지? 이 시장기가 진짜로 뭔가 먹고 싶어 생긴 걸까? 혹시 뭔가 채워지지 않는 욕구가 있어 대신 위가 말하고 있는 건 아닐까? 그래서 남들 다 잠든 밤, 홀로 앉아 빈 벽을 보고 앉은 건 아닌지. 그러자 문득 한밤의 고요가 나에게 말을 걸어 온다. 무엇을 하고 싶으냐고. 나는 나직이 대답한다. 배가 고프다고. 채워지지 않는 무엇이 있어 잠들 수 없다고. 고요는 다시 질문한다. 무엇을 하고 싶으냐고. 내 안에서 꿈틀거리고 있는 것의 정체를 알아내고 싶다고 나는 수줍게 다시 답한다.

비로소 나는 글 쓸 준비가 되었다. 꿈틀거리는 것의 정체를 밝혀내면 되는 것이니까. 꿈틀거림, 생명이 긴 그 욕구의 정체를 밝히기 위해 나는 지난 세월을 모두 소비하며 잠들 수 없었다. 소설이란 형식에 얹어 욕망을 변주해 온 지난날들. 그러나 소설은 긴 호흡을 필요로 하는 작업이기에 결코 쉬운 일은 아니었다. 고개를 번쩍 들어보면 이미 밝아져 있던 아침들. 앞으로 와락 달려들던 허망함. 그럴 때면 딱 죽고만 싶었다. 수형자처럼 매달려 있는 이유가 대체 무엇일까.

시애틀 이주 후 우연히 응모한 수필 공모에서 나는 겨우 형벌을 벗었다. 길이 끝나고 나니 찾아진 길이라고나 할까. 그 동안, 보편타당의 큰 주제가 아닌 단상(斷想)들마저 모두 소설의 구성 속에 넣기는 무리였다. 그러나 수필은 그 모든 것들을 수용하고도 남는다. 넉넉한 품을 지닌 문학 형식이 수필이라고나 할까. 그러기에 나이 먹어 기운 없어진 노인들이 하는 글쓰기가 수필

51

이라고 누군가 폄훼한다 할지라도, 이제는 후회 없이 부끄러움 없이 수필 쓰기에 매달릴 수 있다. 간혹 훼절한 선비나 전향수 (轉向囚) 같은 느낌이 안 드는 건 아니다. 하지만 소설은 체력적으로 소모가 큰 작업이기도 해서 체력상 지구력이 달리는 내겐 수필이 꼭 맞는 옷이라는 생각이 든다.

그러나 수필 쓰기에도 몇 가지 문제는 있다. 글쓰기에 대한 내 열정이 한창이었던 한국 내의 70년대 문학 환경과 지금은 여러모로 달라져 있다. 그 시절엔 수필의 길이가 심지어 원고지 3,40매를 상회하는 것도 있었지만, 지금은 길어야 20매 내외, 보통 2,000자 수필이며, 간혹 5매 수필을 시도하는 사람도 있다. 하지만 길이가 문제가 되는 건 아니다. 글은 간결할수록 좋은 것이니 오히려 바람직한 변화라고도 할 수 있다.

내가 고민스러워 하는 것은 그 내용들이다. 신변잡기적인 수다나 푸념, 자기 과시의 언변들은 '붓 가는 대로 쓰는' 수필의 특성이라고 너그럽게(?) 넘길 수도 있다. 그러나 형식이 갖추어지지 않은 글들이 난무함에는 당황스럽기조차 하다. 문학의 모든 내용엔 서사(敍事)가 있다. 심지어 시에도 서사가 있다. 화자(話者)가 어떤 시점(視點)에서 왜 무엇을 말하고 있나, 이것이 문학의 내용이다. 그리고 서사는 기본적으로 기승전결의 단계를 가진다. 인간사(人間事)라는 드라마가 이런 구성이기에 피할 수 없는 형식(?)이다. 수필이라고 예외는 없다. 그러나 근래엔 이런 단계, 또는 구성이 갖추어지지 않은 작품들이 너무 많다. 또 갖추었다 해도 정리되지 않은, 즉 문장조차 다듬어지지 않은 글들이 많다. 그러니까 다 읽고 나도 감동이 없다. 부실한 드라마(?)에 무슨 감동이 있겠는가. 왜 이런 현상들이 홍수를 이루는지, 다시 돌아온(?) 내겐 적응이 잘 안 된다. 문학 작품을 읽는 독자가 원하는 건 감동인데, 감동 없는 작품을 작품이라고 할 수 있을까? 이렇다 보니 수필을 쓰겠다고 작심한 것이 실수였을까, 회의가 들기도 한다.

게다 문학의 흐름은 거침없이 변하여 휴머니즘, 실존 철학, 구조주의의 고색창연한(?) 흐름을 거쳐 환상이란 여울목을 건너 이젠 키치의 내를 에돌고 있다. 하나 수필은 아직 20세기에 있다. 환상의 형식을 빌은 시도가 뵈긴 하지만 그건 어디까지나 시도일 뿐, 아직 흐름은 아니다. 과거란 울타리에 갇혀 그 속에서 푸념거리(?)를 찾고 있는 작품들이 대부분이다. 새로움은 아직 먼동 속에 있다.

그러기에 수필이 문학이냐, 하는 시선도 있다. 그것은 수필의 개념이 모호한 탓이기도 하다. 개념은커녕 수필의 기원을 남송(南宋) 홍매에서 찾아야 한다는 의견, 우리나라 경우 이규보를 비롯한 패관문학으로 보아야 한다는 의견, 프랑스 몽테뉴에서 찾아야 한다는 의견 등, 근래에 발아한 문학 양식 같이 의견이 난무한다. 이제 막 이 길로 접어든 사람에겐 참 헷갈리는 현실이다.

이런 환경 속에서도 나는 수필을 통해 뭔가를 말하고 싶어 한다. 과연 그럴 수 있을까? 이제 겨우 찾은 길이지만 앞길에 안개 주의보가 내려 있는 건 여전하다. 그러기에 더욱 잠들지 못하고, 나는 오늘처럼 면벽(面壁)하고 용맹정진(?)을 그만두지 못한다. 저

건너 허공에 있어 나를 부르며 허기를 느끼게 하는 저것, 그것은 대체 무엇일까.

배가 고프다. 참으로 배고프다. 하면 과연 이 허기는 물질로 채워지기나 하는 것일까, 문득 의문이 든다. 하긴 미국 학자 로저 굴드는 인간에게는 몸통 안의 위장 말고 정서와 관련한 유령 위장이 있어, 몸의 위장이 채워져도 유령 위장이 만족이 안 되면 공복감이 느껴진다고 말했다 한다. 기분이 좋지 않거나 외로울 때 후회스러운 기억이 떠오를 때 배가 고프고, 누군가와 친밀한 감정을 느끼거나 믿음이 생겼을 때 공복감이 사라지는 현상이 이를 말하고 있다는 것이다.

몸통의 위장이 허기를 느낀다면 돼지에게 하듯 밥 한 덩이 던져 주면 되겠지만, 유령 위장에겐 어찌 만복감을 느끼게 할 수 있을까. 어려운 과업(?)이다. 하지만 '거지가 이를 키우듯 사랑스러운 뉘우침을 기르지'(보들레르 <서시>) 않기 위해선 이 유령 위장의 식욕을 계속 채워 주어야 하겠지. 아니, 그 허기조차 사랑해야 하겠지. 밤의 고요 속에서 나는 중얼거린다. 아아! 진정 배고프다.

처음

처음

차가 첫 번째 산굽이를 돌 무렵이었다.그때 한 문우가 지난주의 황당했던(?) 경험을 털어놓았다.

"모르는 동네 아이들이 마당에 섰는 날 보더니, 할머니! 많이 자란 저 풀들을 깎아 드릴까요, 하잖아. 벌써 할머니 소리 들을 나이야, 내가? 그래서 싫다고 입 꼭 다물었지"

<시애틀 문학>에 참여한 뒤 처음 따라 나선 야유회 길에서였다. 차중은 순간 그 문우의 비분함(?)에 암묵적으로 동의하는 분위기가 되었다.

"난 손주가 둘 있으니 덜 억울하지만 손주도 없는 사람이 그런 소리 들었으니 기분 나빴겠네."

차가 또 한 차례 산굽이를 돌아가는데 누군가 위로 비슷하게 말했다. 엇비슷한 연배이니 다들 그런 경험 한두 번 안 해 본 사람이 없을 터. 나 또한 마찬가지였다. 한데 객관적 입장에서 볼 때, 그리 억울할 것도 없는 연배런만 왜 모두 그 말은 부정하고 싶어 할까? 그것은 일종의 낯가림, 첫 경험의 생소함 때문이 아닐까. 하지만 삶이란 생애를 마칠 때까지 맞닥뜨리는 수많은 첫 경험의 생소함을 마모시키고 그걸 익숙함으로 바꾸어 나가는 과정이다. 무수한 점이 모여 하나의 선이 이루어지듯 무수한 처음을 통하지 않고는 우리는 삶을 완성해 나갈 수 없다.

그랬기에 내 경우엔, 본인 보다도 듣고 있던 아들이 더 펄쩍 뛰었을 때, 충격(?)을 받고 흥분한 그 애를 달랠 수 있었다. 오십 줄의 내게 할머니란 용어가 적용되던 그 첫 경험에서, 낯설었지만 생각보다 덜 당황스러웠던 것은 그것이 처음 내딛는 또 하나 삶의 단계라고 인정했기 때문이었다.

무수한 첫 경험, 그중 기억에 남는 하나는 체중 감소가 갱년기 현상의 하나라는 의사의 진단을 받던 날이다. 어느 날 밤 자다가 갑자기 피를 토하고, 놀라서 찾아간 병원에서 의사는 그 무렵 내게 일어나고 있던 현상들을 갱년기 장애로 통일(?)하여 설명했다. 진단 결과를 듣는 순간 그것은 매우 생경한 느낌이었다. 상식적으로 알고 있긴 했지만 그 사실이 내게 적용된다는 것이 잘 일치되지 않던 모순된 감정, 그 날의 일을 기록했던 글을 펴 보면 다음과 같다.

'그 말을 듣는 순간, 받아들이기 불편했지만(?) 그러나 새로운 문이 열리는 느낌도 났다. 삼사십 대에 요원하게 느꼈던 갱년기가 바로 지금이란 생각에 전인미답의 경지에 발을 딛는 흥분도 일었다. 드디어 갱년기로구나. 심신이 황폐해지기도 한다던데 정말일까? 사춘기의 고비를 넘기기도 힘들지만 갱년기의 고비도 만만치 않다던데 나는 과연 어떨까? 소년기 청년기를 보내며 알지 못했던 삶의 경지를 갱년기 노년기를 보내며 더 탐험할 수도 있겠지. 병원을 나서는 내 발길은 탐험가의 것인 양 기대로 부풀어 오르기조차 했다.'

젊은 날과는 달리 일상의 탐구에 열을 올리던 무렵이었기에 이처럼 낙관적(?)일 수 있었다.

일반적으로 처음 - 첫 경험이라 하면 사람들은 신혼 초야를 떠올린다. 흰 망사 커튼이 바람에 살짝 날리듯 가볍고 수줍은 흔들림을 기억하기 때문이다. 하지만 우리는 보다 더 많은 처음을 기억한다. 그리고 그 처음들은 생소함으로 찾아왔다. 수줍음으로 찾아왔다. 떨림으로 찾아왔다.

처음 엄마가 되었던 날, 태어난 아이를 뉘어 놓고 들여다보니 꼭 동생 같기만 했던 생소한 느낌, 그것은 수줍음 때문이었을 것이다.

처음 신혼여행 가던 날, 어설프고 어지러웠던 것도 수줍음 때문이었을 것이다.

처음 데이트하던 날, 어색하고 쑥스러웠던 것도 수줍은 떨림 때문이었을 것이다.

처음 등반하던 날, 자꾸 주저앉고 싶었던 것도 산에 대한 수줍음 때문이었을 것이다.

처음 내 몸 안에 살고 있던 독수리의 존재를 깨닫던 날, 두려웠던 것도 삶에 대한 떨림과 수줍음 때문이었을 것이다.

처음 그 해 눈이 내리던 날, 싸리비로 싹싹 눈을 쓸어내며 그 정갈한 흔적에 울고 싶었던 것도 생소한 떨림 때문이었을 것이다.

처음 돌멩이에서 손이 나오는 걸 본 날, 놀랐던 것도 인식에 대한 흥분과 떨림 때문이었을 것이다.

처음 책을 읽었던 날, 미열이 났던 것도 생소한 떨림 때문이었을 것이다.

처음 오솔길을 걷던 날, 몽롱했던 느낌도 미래에 대한 떨림과 수줍음 때문이었을 것이다.

처음 월경하던 날, 미루나무 뒤로 숨고만 싶었던 것도 생소한 수줍음 때문이었을 것이다.

처음 혼자임을 깨닫던 날, 어깨가 몹시 무거웠던 것도 삶에 대한 생소한 떨림 때문이었을 것이다.

이처럼 무수한 처음의 순간들, 그 중에도 가장 소중한 기억은 가짜가 아닌 진짜 할머니가 되던 날이다. 여자가 진정 아름다워 보이는 때는 젊음을 구가하는 시절이 아니라 손자 손녀에 둘러싸인 할머니가 되었을 때라는 글을 읽은 적이 있다. 이에 의한다면 나는 할머니가 되어야만 아름다운 여성이 될 수 있는 것, 며느리 출산 소식을 받은 그 특별한 날의 기록은 다음과 같다.

'이제 나는 내 아들의 유년과 작별해야만 한다. 돌아올 수 없는 시간, 돌이킬 수 없는 시간, 껍질이 벗겨지는 아픔과 안타까움을 묻고 아들을 보내 주어야만 하는 시간. 이런 현실 앞에 당황스럽고 슬프지 않을 부모가 어디 있으랴. 이같이 수많은 아픔 속에서 소생하는 과정이 삶이라고, 인간으로 살아가는 통과 의례라고 자신을 달래보아도, 하지만 허전함은 무엇으로도 채워지지 않는다.

하나를 얻기 위해선 하나를 내어 놓아야만 한다는 이솝의 말로나 위안을 삼아야 할까. 하긴 아들의 유년과 작별하는 대신 나는 성훈이를 얻었다. 나를 완전한 여성으로 만들어 줄 손주. 그러기에 무엇으로도 바꿀 수 없는 귀한 존재! 아이와의 첫대면이 수줍지만 몹시 기다려진다.'

이제 마지막으로 기억에 남을 처음의 순간, 그건 영면을 맞이하는 날이 될 것이다. 삶의 산굽이를 돌고 돌아 처음 마주하는 죽음 앞에 서면 나는 어떤 자세와 마음가짐을 보이게 될까. '우물쭈물하다 내 이럴 줄 알았다'고 냉소적으로 나올까. '이 세상 소풍 끝내는 날/ 가서 아름다웠다고 말하리라.' 라고 탈속한 체 나올까. 아니 혹시 지금과는 다르게, 죽기엔 너무 억울하다며 그것을 거부하진 않을까. 처음이자 마지막인 그 첫 경험, 그러나 난 아무 말도 남기지 못하고 당하고(?) 말겠지…… '그리고 아무 말도 하지 않았다.' 생소함으로 가득 찬 생의 시간들. 그리고 그 떨림들. 그러니 그 첫 경험의 떨림과 안타까움은 설렘으로나 남겨 두도록 하자. 아- 궁금해, 정말!

올제

사랑은 움직이는 거야. 몇 년 전 모 이동 통신 회사의 광고 문구다. 이 문구는 젊은이들의 변화하는 애정관에 불을 붙였다는 평가를 받았다. 그리고 광고로 대박을 냈다는 평가도 받았다. 하지만 '대박 나다'란 말은 사전에 없는 말이다. '큰 벌이'란 의미의 속어로써 대단한 일, 의외의 놀랄만한 일이란 뜻으로 일반에 유행으로 쓰일 뿐이다. 하지만 누가 알랴. 시간이 지나면 사전의 표제어가 될는지. 사랑만 움직이나, 손금도 움직이고, 언어도 움직인다.

움직이다 뿐인가. 생명체와 같아 태어나기도 하고 죽기도 한다. 그러기에 **올서리, 반기** (飯器)**하다**, (값이) **눅다, 본제입납** (本第入納), **수진본** (袖珍本;소맷부리에 넣어 갖고 다니며 읽을 만큼 작은 책), **부전지** (附箋紙) 등, 사전에 표제어로만 올라 있고 쓰이지 않는 말들은 사람으로 치면 **화년** (華年)이 지난 말들이다. 이런 말들은 사전 속에 그야말로 디글디글하게 많다.

그리고 위의 말들이 서산에 지는 해처럼 수명이 노루 꼬리 만큼 남은 말들이라면, 새로 태어난 말들로는 **아점** (아침 점심의 준말), **지름신**(神) (갑자기 저지르게 하는 충동의 힘, 또는 그런 존재의 의인화) 등이 재미있게 쓰이고 있다. 요즘 흔히 쓰는 말엔 포스트잇도 있다. 전 시대 우리가 부전지라고 쓰던 말의 수입어다. 예전엔 서류 작성에 완벽을 기할 때 부전지 (아니 箋과 紙가 모두 종이란 말이니 서울역전 앞을 면하려면 부전이 더 정확하다 하겠다.)를 붙이곤 했다.

게다 태어나기만 하나. 죽었던 말이 유행에 의해 되살아나기도 한다. **몽니부리다**는 김종필 씨가 쓴 후, 갑자기 사전 속으로부터 벌떡 일어나 인기어가 된 말이다. 어려운 한자어인 **토사구팽**도 정치권의 부침에 따라 살아난 말에 속한다

또 사위어 가는 말도 있다. **계절의 여왕**이란 말은 노천명이 그의 작품 <푸른 오월>에서 처음 시어로 썼을 때는 눈이 번쩍 뜨이는 신선한 어휘여서, 지난 50여 년간 한국인에게 회자되어 왔다. 그러나 이제는 식상한 말이 되어 표현 축에 끼지도 못하게 되었다.

시간이 흐르다 보니 출처가 왜곡되어 쓰이는 말도 있다. **엿 먹어라**가 그중 하나다. 이 말은 전래로 쓰여 오던 말이다. 한데, 요즘엔 1965년 중학교 입시 문제로 해서 1966년에 일어났던 무즙 파동 이후 생겨난 말이라고 기사를 작성하는 젊은 기자들도 있다. 이 말은 1950대, 내 어렸을 적엔 여자들은 입에 담지 말라던 금기어이기도 했다. 성적 농담의 의미가 담긴 말이라고.

이처럼 필요한 사람들의 욕망 때문에 부침(浮沈) 되는 말로는 식모가 가사 도우미, 청소부가 환경미화원, 간호원이 간호사 선생, 등으로 부풀려져 그 본래의 모습으로 돌아가지 못하고 있다. 그만이 아니다. 호칭으로 전 국민의 한 가족화(?)가 진행 중이다. 그리고 이런 현상과 더불어 겸손이란 미덕도 희미한 옛사랑의 추억처럼 사라져 가고 있다.

말은 사회의 반영이다. 마음이 웰각델각하는 날이면 한국어 드라마를 보는데, 그 드라마 속에선 다들 대학교수를 교수님이라 부른다. **선생님**이라 부르는 학생은 한 명도 없다. 1960년대, 내가 대학 다닐 땐 모두 선생님이라 불렀건만. 교수란 직업을 일컫는 말이다. 나를 가르치는 분은 당연히 선생님이라 불러야 한다. 영어의 폴리스맨은 직업일 뿐이어서 면전에서 부를 때는 어피써 라고 부르는 것처럼. 영어만이랴. 우리도 의사에게 선생님이라 부르지, 직업의 호칭을 불러 의사님! 하지는 않는다. 그러니 오늘날 선생님은 일반 존칭 명사로, 나를 가르치는 스승을 호칭하는 의미가 점차 엷어져 가고 있다.

또, 아이들과 대화하다 보면 요즘은 이런 말도 듣는다. 식사하세요! 언제부터 이 말이 존대어로 쓰이게 되었나. **진지** 잡수세요, 는 어디로 갔을까. 과거 우리 집에서, 식사하세요, 란 말을 쓰던 사람은 육군 중령으로 퇴역한 외사촌 큰오빠 한 분 뿐이었다. 한데 언제 군대 용어가 민간인의 존대어로 둔갑했을까? 원산폭격이 등장했을 때 우리 언어생활을 함께 폭격한 건가?

하긴 폭격 맞긴 맞았다. 정신을 길러 주는 선생님과 몸을 길러 주는 밥-진지가 사라지는 중이니. 삶의 바탕이 폭탄 맞아 찢기고 피가 튄다. 영육(靈肉)이 변질되어 가고 있다. 자살률이 높아지는 건 우연이 아니다. 훗날 우리 후손은 왜 진지와 선생님이란 말이 사라지게 되었는지 궁금해하지 않을까.

문우 김백현 선생에 의하면, 말이란 맑은 시냇물 속 조약돌같이 겨레의 숨결에 젖고 씻긴 보석이라고 한다. 그러기에 낱말 하나하나가 뿜어내는 서사에 귀 기울여야 한다고 주장한다. 이런 그는 잃어버린 옛말을 여럿 열거했다. 아음은 친척, 다솜은 애틋한 사랑, 살사리꽃은 코스모스, 그리고 한 가지 더 첨부하여 '어웅하다'란 말을 그는 우리 앞에 던져 놓았다. 굴이나 구멍 등, 속이 비어 침침한 것을 '어웅하다'라고 말하는데, 이는 선사시대 우리 선조들이 한반도로 발걸음을 뗄 때 부르짖던 소리라는 것이다. 바다가 막다른, 굴 같은 한반도. 오천 년간 이에 사는 동안 더는 넓힐 수 없는, 한반도란 구멍에서 대낄 자손들을 예정하시고 부르짖은 소리라며, 그는 이 말에서 민족의 서사를 읽어야 한다고 누누이 강조한다. 그러기에 이나마 쓰이는 우리말들은 문인들이 있어서 살아남은 혼불이라고도 한다.

그리고 그가 던져 놓은 또 하나의 말, 올제. 흔히 우리는 우리 말엔 어제와 오늘은 있지만 내일은 없다고 해 왔다. 그래서 미래를 품지 않는 민족이라고 자기 비하를 하기도 했다. 내일이 없기에 오늘만 살려고 그리 그악하게 몸부림친다고. 그러나 고려 때까지 쓰이던, 내일이란 뜻의 올제가 있다 한다. 어제와 올제, 하루

전날이 어제라면 와야 할 다음 날이 올제인 건 분명 맞는데, 어떤 경위로 해서 그 말이 우리 생활 속에서 배제되었을까? 참으로 궁금하기 짝이 없다. 이걸 밝혀내면 김 선생 말대로 민족의 서사를 알게 되지 않을까.

그래서 나는 오늘도 말에 담긴 서사를 읽기 위해 죽은 말, 죽어 가는 말, 사위어 가는 말, 되살아난 말, 새로 생겨난 말들을 쓰다듬으며 자신을 바로 세우려 힘쓰고 있다. 그러다 보면 말 속에 들어 있는 귀한 '올제'를 만나게 되어, 그 힘으로 정신의 복록을 얻게 되지 않을까 해서. 사랑만 움직이나, '올제'도 움직이는 거라고 하지 않던가.

깍두기

　김치가 떨어져 가고 있다. 깍두기라도 담가야겠다. 이렇게 맘먹는 날이면 늘 회한에 빠지게 된다. 아무리 이역 생활일지언정 종자장도 만드는 분이 있다 하는데, 어째 늘 김치를 사 먹나. 주부 34년 차라며 아직도 전업주부가 덜 되었나? 여기에 도착한 직후, 메피스토펠레스의 속삭임으로 남편이 말했다. 김치 같은 건 사 먹어. 그때 그 속삭임에 넘어가지 말았어야 했는데. 팔아먹을 영혼도 없었던 그 시절, 남편의 유혹에 넙죽 빠진 나머지, 그 후 줄곧 손품 드는 대개의 것들을 사 먹게 되었다. 다듬고 절이고 씻고, 큰 그릇을 다루는데 영 옹색한 부엌 구조에 핑계를 대고, 간장 고추장 따위도 으레 사다 먹었다. 그러나 그런 와중에도 꼭 직접 해 먹어야만 직성이 풀리는 것은 깍두기였다. 김치까지는 용서해도 깍두기는 정말 용서가 안 되었다.

　사다 먹는 깍두기의 참을 수 없이 평범한 그 맛. 김치 맛없는 건 쉽게 해서, 찌개나 볶음밥을 한다 하나 깍두기 맛없는 건 아무짝에도 쓸모가 없다. 쉰 깍두기론 된장찌개 끓이면 된다지만 여기 생활 구조에선 그것도 이웃 눈치 봐야 함에랴. 그래서 깍두기만은 나름의 방법으로 집에서 담그게 된다.

그 비법(?)은 다음과 같다. 우선 무를 썰어 설탕에 버무려 2, 30분 뒤, 밑에 물이 생기면 이를 따라내고, 거기에 고춧가루를 뿌려 물이 들게 한다. 그리고 고운 빛깔이 들면 소금을 뿌려 간하고, 그 뒤 양념을 넣어 버무린다. 이때 빠지지 말아야 할 것은 풋고추다. 풋고추를 넣지 않으면 나중에 칼칼한 맛이 덜하다. 젓국은 넣지 않는다. 우리 가족의 입맛 탓이다. 버무리는 방법은 큰손주걱으로 둘러 준다. 손으로 버무리지 않아도 익히는 과정에서 간이 배고 맛이 들 터이니, 구태여 손에 고춧가루 물들일 필요도 없고, 고무장갑 신세 질 필요도 없다. (이 대목에서 고무장갑 끼곤 절대 일 못 하는 습성이 여실히 드러난다.) 마치, 콩나물을 젓갈로 살살 무쳐야, 콩나물이 살아나서 시루 속으로 도로 걸어들어 가듯 생생해, 아작아작 하게 씹히는 맛이 나는 것과 같다. 하니까 여기까지의 깍두기 담그기는 매우 간단하다.

그 뒤, 버무린 내용물을 항아리에 담고, 그 큰 그릇에 남은 양념을 물로 씻어 깍두기 국물을 잡는다. 바로 요 대목이 이 비법의 화룡점정(?)이다. 설탕으로 절이는 과정에서 따라 두었던 물을 여기에 재사용하는 것이다. 무즙과 설탕뿐인 그 물로 그릇의 양념을 씻어 깍두기 국물을 만들어 붓는다. 전혀 군물을 사용하지 않는 거다. 이렇게 해서 숙성 과정으로 이틀 밤 묵히면 식당에 가서 먹는 곰탕 깍두기의 시원하고 아삭 칼칼한 맛이 나게 된다.

이렇게 진행되는 나름의 깍두기 담그기, 그 또 하나의 비결은 무 썰기다. 적게 썰면 저작(咀嚼)의 즐거움을 누릴 수 없고, 크면 한 입 크기가 안 되어 먹기 불편하다. 하니까 한 입 크기가 되도록, 그러나 가능한 한 크게 썰어야 서걱서걱 씹히는 깍두기 제맛이 난다. 사는 깍두기는 그 크기가 너무 조잡하게 작다. 사는 깍두기를 참을 수 없어 하는 이유 중의 하나가 바로 이것이다.

깍두기를 하기로 맘먹었으니 무를 씻어 깍둑깍둑 썰기로 한다. 깍둑깍둑 썰기에 깍두기라고 하나. 예전 김장할 땐 무채 썰고 남은 끄트머리도 깍둑깍둑 썰어 깍두기에 넣었다. 하긴 무 썰어 사용하고 남는 조각으로 만들기 시작한 게 깍두기라 했지. 정조(正祖) 이전엔 깍두기가 없었다니 예전 사람들은 이 맛있는 깍두기도 못 먹고 무얼 먹고 살았을까. 생각이 이쪽으로 빠지다 보니 어렸을 적 별명이 불쑥 떠오른다.

초등학교 적, 시장 동네에서 자라던 아이들은 거의 집 밖으로 내돌려진 상태였기에 놀이가 무궁무진했다. 하지만 병약했던 난 잘할 줄 아는 놀이가 거의 없었다. 그래서 무슨 놀이가 되든, 편 먹기가 시작되면 턱 처들고 기다릴 수밖에 없었고, 마지막으로 깍두기가 되었다. 기운 없이 빌빌거리는 애를 편으로 받아 줄 아량들이 어디 있겠는가.

그러나 공기놀이라면 얘기가 달라졌다. 남들이 10년도 몇 번에 걸쳐 해내는 동안, 혼자 70년도 한꺼번에 꺾어내고, 긁기도 잘해서 한 번 긁으면 10알도 20알도 왕창 훑어 집는 아이. 어느 편으로 가든, 단연 기우는 결과가 나오게 하는 기린아. 손이 크고 손등이 잘 휘는 탓이었다. 그래서 다수의 힘인 이악스러웠던 아이들은, 넌 깍두기 해야 해, 라고 단정적으로 말했다. 어쨌거나 역시 그래서 나는 또 깍두기가 되었다. 하지만 다른 놀이에선 자신을 구박했던 아이들에게 어깨 펴고, 의기양양하게 그들을 기죽이며, 깍두기 노릇을 즐길 수는 있었다.

이편도 아니고 저편도 아닌 깍두기. 또 하나의 내 이름 깍두기. 보통 깍두기를 정하는 이유는 놀이 등에서 짝짓고 남는 사람을 편의상 처리하기 위해서다. 그러기에 깍두기는 맨 나중에 결정된다. 남는 존재, 잉여물, 어디에도 끼지 못하는 아웃사이더. 그래서였던가. 그 동안 나는 줄곧 아웃사이더로 살아왔다. 한번도 자신이 주류라고 생각해 본 적이 없다. 그러니 주부 34년차가 되었음에도 전업주부인지 아닌지 자신의 정체성을 의심하고, 정의하기를 망설이고 있는 게 아닌가. 지금 이 순간에도 망설임(?) 없이 자신에 대해 회의를 느끼고 있는 중이다.

그러나 바꿔 생각하면, 깍두기의 의지가 있었기에 만만치 않은 세상을 버텨 낼 수 있었던 건 아닐까. 그리고 아웃사이더로 살아왔기에 주류가 볼 수 없는 시각으로 삶의 틈도 들여다 볼 수 있었던 건 아닐까. 그러다 보니 이젠 이쪽저쪽 끼는 사람이 되기도 하고 흐름의 균형을 볼 수 있는 눈도 생기게 된 건 아닐는지. 게다 우리는 김치 깍두기라고 말하지 깍두기 김치라고 말하진 않는다. 깍두기로 살아온 삶의 덤으로 이인자의 여유를 즐길 수 있는 상태가 미덕에 속한다는 것조차 알게 되었다. 대견(?)스럽게도.

　개울이었던 시절엔 돌에 채이고 이끼에 덮히며 상처 입었지만, 이제 바다가 가까워 오는 시간이 되니, 이런 멋진 여유조차 생기네. 내가 진정한 깍두기가 된 건가? 칼칼하고 깨끗한 뒷맛을 남기는, 감칠 맛나는 깍두기? 어라! 사공이 많으면 배가 산으로 가고, 생각이 많으면 음식이 망가진다. 후딱 정신을 돌이킨 나는 깍두기 간을 보느라 무 한 쪽을 와삭 깨물었다. 울리는 음향이 신선하다. 마음마저 가벼워진다. 아— 깍두기는 정말 매력 있어. 아니, 내 손으로 만드는 깍두기는 정말 맛있어. 슬몃 웃음을 물고, 나는 새콤하게 톡 쏘는 그 냄새를 그려 보았다.

짖지 않는 까마귀

　길엔 인적이 없다. 하늘은 흐리다. 송전탑만이 우뚝, 그 하늘을 점령하고 있다. 필경은 광풍이었을 바람에 꺾인 아름드리나무 밑동은 썩어들고, 잘라 뉘인 나무 둥치들은 흐린 빛 속에서 배를 드러낸 채 몸을 말리고 있다. 어디엔가 버들강아지나 개나리라도 피었으련만 뵈지 않는다. 노란 꽃이 보여 반색하듯 돌아보면 그게 아니다. 하긴 잃어버리고, 포기한 게 어디 그뿐이랴.

　길은 두 갈래다. 포장된 길은 끈을 풀어 던진 듯 아래로 내려가고 있다. 그리고 그 옆으로 자갈길이 직선 비탈로 냅다 내리닫고 있다.　그 길을 따라가는 송전탑들은 스매미쉬 쪽에서 와서 클라하니 블루바드쪽으로 뻗어 가고 있다. 포장도로를 돌아 걷던, 자갈길을 곧장 걷던, 산책하는 사람이 취향에 맞게 선택할 수 있도록 한 구조다. 시(市)를 설계한 사람은 어느 쪽을 더 선호했을까.

　우리는 천천히, 구불대는 포장도로를 따라 내려갔다. 잔뜩 일어서 우북한 풀섶엔 물방울들이 가득하다. 겨우 잎을 내밀고 있는 딸기 덤불, 마구 자란 풀숲이 정돈 안 된 긴 머리칼 같다. 그때였다. 새 한 마리가 머리 위를 휙 스친다. 뭔가 움직이는 생물이 있다는 점에서 반가운 마음이 든다. 가벼운 마음으로 하늘을 올려다보자 또 한 마리가 날아온다. 온몸이 꺼먼 새. 다시 보니 그뿐이 아니다. 두세 마리가 저공으로 풀숲을 훑으며 우리가 가야 할 길 앞쪽으로 내려앉는다. 까마귀다.

　시커먼 그놈들은 순식간에 떼를 이루어 풀숲을 덮는다. 비록 히치콕의 영화 <새>만큼은 아니어도 섬뜩한 느낌이 충분히 느껴질 만큼 많은 숫자의 새떼다. 순간 내 입에서 시비 같은 말이 불쑥 튀어나온다. 까마귀는 위세롭게 하늘을 제압하며 까악 까악 짖어야 까마귀지, 내려앉아 풀숲을 뒤지며 먹이 찾는 게 무슨 까마귀냐. 너희가 피짜 쪼는 비둘기 떼라도 된단 말이냐. 내 말에 남편이 웃는다. 지렁이라도 찾고 있나 보지. 그러고 보니 길 위엔 허옇게 불은 지렁이의 주검이 여기저기 보인다. 언제나 축축한 여기 날씨에 늘상 보는 풍경이지만 볼 때마다 흠칫하게 된다. 시체 먹는 놈들이 치사하게 겨우 지렁이로 입치레 한다고? 본능적인 불쾌함으로 나는 다시 퉁명을 떤다. 지렁이 주검도 싫고 까마귀도 싫다. 검은색의 불길함, 음침한 울음소리를 누가 좋아하랴. 두보 (杜甫) 말을 빌리면, 생각이나 정서도 없이 시끄럽게 짖어대기만 하는 놈들이다. 게다 우리가 떠나온(?) 사회에선 거친 죽음을 까마귀 밥이 된다고 표현했다. 까마귀 같은 놈! 싫은 대상을 지칭할 때 이같이 말하기도 했다. 흔한 통념으로 '까마귀 노는 곳에 백로야 가지 마라"였다.

어려서 나는 까마귀와 까치를 잘 구별하지 못했다. 나란히 놓고 뜯어 보면 모를까, 휙 머리 위를 스치는 모습만으론 알 수가 없었다. 둘 다 까맣고 깍깍 까악 울어대는데 뭐가 어떻게 다르단 말인가. 하지만 기다리는 설날 전날을 '까치설날'이라고 하는 걸 보면 까치는 좋은 새였고, 꽝꽝 어는 추운 겨울이면, 동구 밖 나무 꼭대기 까마귀가 얼어 죽었대, 라고 말하니, 까마귀는 좋지 않은 감정에 쓰이는 새였다. 그러므로 까마귀에 대한 불쾌함은 사회 통념에 길든 감정이었는지도 모른다. 우리가 사물을 바라볼 때 기준은 둘이다. 좋거나 나쁘거나. 그 선택의 기준은 다수의 힘이다. 사회 구조 속에선 다수가 선(善)이니까. 여기에서 까마귀는 길조다. 그러기에 짖어야만 하는 게 까마귀란 생각도, 어쩌면 다수 쪽에 서서 길들여진, 선택의 여지가 없던 타의의 관념인지도 모른다.

자라서 어른이 되고 겨우 그 두 새를 구별하게 되었을 때, 영화나 문학 작품 속에서 묘사되는 까마귀도 음침한 존재였다. 나쁜 쪽으로 내몰린 그 새가 큰 날개를 펼치고 날아올라 목표물을 덮치는 모습은 그야말로 날짐승 그 자체였다. 욕망이란 이름으로 어떤 목표물을 조준, 획득해 보지 못한 나로선, 자신과 전혀 다른 그 짐승의 모습이 그저 무섭기만 했다. 날쌔게 날아서 지상의 목표물을 나획하는 위용(?)만이 그 날짐승이 자연으로부터 받은 소명(召命)으로 보였다.

하지만 요즘 대개의 생물은 그 소명을 잊고 살아간다. 아니, 깨닫지도 못한 상태에서 상실당하고 있다. 욕망이 욕망을 낳고 그 욕망이 애초의 욕망을 구속한 나머지, 가속화되어 이젠 자연도

인간의 제도 속으로 진입된 세상. 자연인가 욕망인가 선택
여부조차 희미해져, 평화를 상징하던 비둘기는 환경 재해 새로
전락되고, 남녀 구별도 없어져 남남(男男)이거나 여여(女女)로
짝짓기하는 인간들도 늘고 있다. 전쟁만 인간성을 상실하게 하나?
디지털화된 생태계 속에서 편리란 이름의 욕망도 이처럼 인간성을
부식시킨다. 오늘날, 새로운 윤리의 기준은 개인화와 실제적
효용뿐이다. 그러니 비상을 잊어버린 새들이 풀숲에 내려앉아
먹이 찾기에만 골몰한다 해도 어찌 그들만 나무랄 수 있겠는가.
그래서 이 산책길에 정리된 생각은 다음과 같게 되었다.

까악 까악 까―
까마귀는 허공에서 짖어야 까마귀.

오늘은 폐업했나, 일제히 풀숲에 내려앉아
서로서로 풀숲에 주둥이를 박고 다정히 비비고 있다.

마지막 활강을 마친 나머지 한 마리도
풀숲에 내려앉아 조용히 죽지를 접는다.

비상(飛上)은 잃어도
오늘 필요한 것은 젖은 반 토막 지렁이.

어두워 오는 하늘가

그러나 바람은 정녕 부드럽다.

클라하니 블루바드까지 내려갔다 돌아오는 길에 아까 그 자리에
다시 가 보았다. 내심 그 까마귀 떼들이 날아가고 없기를 바라는
마음으로. 그러나 그들은 여전히 풀숲에 머리를 처박고 있다. 아예
조용하기만 하다. 주위를 둘러봐도 움직이는 것은 아무것도 없다.
하늘을 분할하는 전선만이 그저 무섭게 머리 위를 내달리고 있다.
대체 사람들은 다 어디로 갔을까? 여전히 길은 한적하다.

가을 그림자

8월, 하면 누구도 부정할 수 없이 한 해의 절정인 여름이다. 그러나 9월, 하고 불러 보면 이미 가을은 뜰에 내려와 앉아 있다. 8월의 마지막 날, 뜰에 서서, 내일이면 9월이구나, 생각하는 순간 벌써 마음엔 낙엽이 내리고 있었던 것이다. 가을! 자살 충동을 느끼게 하는 봄을 이겨내는 일도 힘든 일이지만, 릴케의 가을을 이겨내야 하는 일은 그보다 더욱 힘들다. 점점 자애로워지는 태양을 흠뻑 받아 만물은, 심지어 작은 풀 포기들마저도 마지막 완성을 위해 박차를 가하건만, 인간은 미완인 채로 가을을 보내고, 결국 겨울을 맞을 수밖에 없다는 고통을 이겨내는 일만으로도 가을은 벅차기만 하다. 집도 지을 수 없고 잠도 잘 수 없고 책도 읽을 수 없고 글도 쓸 수 없고 오직 서성이며, 이런 한계를 그저 가슴 아파하는 것으로 매해 가을을 흘려보낼 뿐이다.

그러기에 이런 고통이란 일종의 형벌 같아서 가을의 끝 무렵이면 처형당할 사형수같이 자폭하는 심정에서 한잔 술로 내가 인간임을 애도하고 위무(慰撫)해 왔다. 할 수 있는 일이란 단지

날을 보내고 달을 보내고 해가 바뀌는 시간의 흐름을 응시하는 것일 뿐. 올해도 9월이 가고 또 두 달이 더 가면 눈 구경을 할 수 있고, 거기서 한 달이 더 가면 연말이라고 뒤숭숭해져, 서성이는 심정으로 다시 그 한 달을 보내게 되겠지. 그리고 이 한 해를 묵은해라 이름 지으며 작별을 고하게 되겠지.

그러나 수선 떨 필요도 없이 그 작별은 이미 나와 악수하고 있다. 지금 내가 바라 보고 선 이 뜰의 모든 생명은 머지않아 그들이 온 곳으로 돌아갈 것이며, 지금 서 있는 이 시간도 과거가 되어 물러가고 있는 중이니까. 삶은 현재 위에서만 이루어지는 것이기에 언제나 우리는 작별이 내민 손을 잡고 있으며, 한발 앞서 가고 있는 미래의 뒷자락을 잡기 위해 팔을 뻗지만 영원히 잡을 수 없다. 이것이 인간의 한계다. 오늘날, 무한한 인간의 능력을 계발해야 한다고 교육과 과학은 나팔수 노릇을 하지만, 이는 참이 아니다. 참이 아닌 것을 참으로 만들려는 그들의 노력이 가상하다고나 해야 할까? 이쯤 되면 오히려 그것은 비극, 슬프기 짝이 없다.

애별리고(愛別離苦)! 누구도 한계 지워진 작별의 고통에서 예외일 순 없다. 순간 새삼스럽게 가슴 밑바닥을 긁고 지나가는 아픔을 외면하고 싶어져 짐짓 주변을 훑어 본다. 풀포기 하나, 나뭇잎 하나하나, 그 존재가 돌올하게 눈에 들어와 선연하게 가슴에 안긴다. 아직은 8월인 작열하는 태양 아래 날카로운 빛을 반사하고 있는 그들의 젊음(?), 눈부신 그 모습이 부러워 그들을 낱낱이 살펴보지 않을 수 없다.

저 자두는 언제 열매를 다 익히고 갈 것인가, 호박은 일조량(日照量)이 부족해 미처 자라지도 못하고 가게 생겼네, 토마토는 언제 붉어져 그 풍부한 비타민 A를 제공해 줄 것인가. 뜰에는 아직 채워지지 않은 그 무엇이 있어 수확을 얻기엔 멀어 보인다. 처음 길러 보는 작물들이기에 수확을 기대한 건 아니지만 작별하기엔 아직 어려 보이는 그 모습들이 안타까워 몸을 기울여 들여다보니 훌쩍 키 큰 나무들이 그 위에 그림자를 얹고 섰다. 마지막 완성을 방해하는 그림자, 그를 나무라고 싶은 심정에서 한 나무의 가지 끝을 올려다보노라니, 문득 그 나무의 이름이 궁금해진다. 이 나무 이름이 뭘까? 저 나무는? 또 저 나무는? 또, 길 건너 저 집의 저 나무는? 허리를 펴고 주변을 돌아보며 새삼 식물들의 이름을 불러본다. 단풍나무, 자두나무, 개철쭉, 베고니아, 호박, 오이, 파, 깻잎, 고추, 토마토, 등등. 그러나 이름을 알 수 있는 것들보단 알 수 없는 것들이 더 많다. 순간 주변에 무심한 내 성격과 얕은 지식이 부끄러워진다.

세상 만물 중에 이름없는 것이 어디 있으랴. 심지어 야생초도 식물도감에 보면 분명한 이름을 갖고 있다. 작살나무 열매, 매화말발도리, 산괴불주머니, 도깨비엉경퀴, 애기똥풀, 각시붓꽃, 꽃며느리밥풀, 며느리밑씻개 등등, 이름이야 우습지만, 그들은 이름으로 존재한다. 제 목숨값도 못하고 사는 초라한 인간들에 비하면 그래봬도 그들은 제자리를 지키며 도도하게 사는 존대한(?) 목숨들이다. 야생초만도 못하게 사는 인간들은 부지기수다. 나 또한 그 중의 하나가 아닌가.

　야생초에 관심이 기울어지던 이십대엔　그 외양의 외로움이 좋아서 그냥 빠졌는데, 왜 그토록 거기로 마음이 갔었는지 이제는 뭔가 깨달아지기도 한다. 내 것이 더 중하고 네 것이 더 덜한 그런 목숨값은 없다. 이만큼의 세월을 들여, 털어내도 털어내도 자꾸 달라붙는 이기심 우월감 오만함을 겨우, 그것도 조금 떼어낸 이제, 간신히 깨달은 목숨값. 이제라도 그걸 깨달았으니 그게 어디인가. 그러고 보면 누구나 다 알아서 이름으로 부르는 식물들은 사람으로 치자면 이름을 드러낸 명문에 태어난 존재들이고, 기억이 안 되어 이름으로 불리지 못하는 것들은 한미한 집안에 태어난 인간들쯤에 해당하는지도 모른다. 이름 모를 풀 포기, 그것이나 내 존재나 무엇이 다를까. 이에 생각이 미치자 이름 모를 그들이 더욱 가깝게 느껴져 사랑스럽고 애틋해 보인다.

　가을의 그림자가 서서히 내려오고 있는 뜰에 서서, 생각에 드리워지는 그림자를 물리치지 못하고 나는 그 검은 그늘을 물끄러미 들여다본다. 가을의 그림자는 무엇일까? 가을이 남기는 그림자는 또한 무엇일까? 그림자란 물체가 남기는 검은 그늘이므로 그 물체가 생성하는 것 이상의 모습을 남길 수 없다. 그러므로 가을의 그림자는 가을이 익혀 만든 수확의 양만 하리라. 가을 속의 내 그림자 또한 나를 능가하는 그늘을 만들 수 없을 터. 이제야 그동안 왜 릴케의 가을을 그토록 앓아 왔는지 그 이유가 분명해진다. 좀 더 진하고 확실한 가을 그림자를 만들기 위해 불면의 밤들을 보냈던 것이다.

이루고자 하는 욕망. 하지만 이제는 안다. 무언가를 꼭 이루어야만 한다는 욕망이 오히려 자신을 미완으로 내몬다는 것을. 이 사실을 인정하지 않는 한 짐을 벗지 못하고 고통의 가을을 죽을 때까지 반복하게 되리라. 미완의 가을을 고통 없이 보내기가 자연스러워져야 비로소 자유로워질 것이다. 그래야 더는 '눈시울이 젖어드는 이 무명의 어둠에/ 추억의 한 접시 불을 밝히고/ 나는 한 밤 내 운다. (김춘수 <꽃을 위한 서시>)'를 외우지 않고 '베고니아의 울음(김춘수 <처용단장>)'도 그칠 수 있을 것이다. 나아가 내 그림자만 챙길 것이 아니라 내 그림자가 남을 방해하지 않도록 삼가는 마음도 익힌다면, 그것이 내 그림자를 더욱 진하게 하고, 나를 존재하도록 만든 내 생명을 즐겁게 하는 길이 되리라. 이 시간, 비록 좁은 뜰에 서 있긴 하지만 나는 점점 길어지는 자신의 분신-그림자를 들여다보며 먼 우주에서 내려오고 있는 가을의 속삭임을 들을 수 있다. 미완(未完)이 너를 자유롭게 하리라!

가정식 백반

김치볶음밥 위에 계란 후라이를 얹어야만 요리가 완성되는 걸까? 게다 노른자는 밥과 비빌 때 잘 섞이도록 반숙 상태여야 한다고? 언제부터 김치볶음밥이 요리 대접을 받게 되었다고. 궁금함과 함께 불평을 동시에 갖게 된 사연은 이렇다.

객지로 타국으로 돌던 아들이 제 가족까지 데리고 돌아와 다시 함께 살게 되었을 때, 제일 먼저 부딪친 문제는 먹을거리였다. 물론 문제의 출발은 우리의 식습관임을 잘 안다. 비교의 기준이 바로 이것일 터. 그간 우리는 세 식구 살림이다 보니 입맛은 자연 남편 위주였고, 그는 농사철 들판에 밥 내가듯 맵고 짠맛, 칼칼 개운하고 푸짐한 음식을 선호해 왔다. 나 또한 열댓 명 가족 속에서 성장한 터라 음식 손은 작지 않다. 그래서 음식양 면에서 우리 부부는 의견이 잘 맞는다고나 할까.

하지만 남편은 경기도식이고 나는 서울식이어서 간과 양념에선 차이가 난다. 나는 단순한 맛을 선호하고, 짜고 매운 것, 젓갈 종류, 밑반찬류 등에 관심이 없다. 그러나 그동안 나는 남편의 식성을 존중하고 성의껏 챙겨 왔다. 타국 생활 이십여 년이 넘지만 그래 우리 집 밥상은 지금도 인천식이다.

게다 둘 다 일을 하니 음식 만드는 시간은 일요일 오후뿐이어서, 일주일 메뉴를 정해 그 분량만큼 한꺼번에 준비해 냉동실과 냉장실에 넣어 두고 한 주를 버티곤 해왔다. 그래서 아들은 주초 밥상은 부자 상, 주말이 오면 거지 상이라고 농담을 하기도 했다. 그리고 나는 음식 준비를 위해 버리는 식료품 재료들-파 뿌리, 야채 껍데기, 생선 비늘 외에는 마련된 음식을 버리지 않는 편이다. 하니까 음식은 국물까지 싹 비워야만 한다. 이것은 물론 절약을 위한 것이기도 하지만 음식에 대한 나의 특별한 고집, 아니 미화하여 철학(?) 때문이기도 하다. 아이는 이렇게 자랐다.

그리고 뉴욕에서 대학을 마치던 해 교환 학생으로 일본에 갔다. 하지만 귀국할 무렵, 아버지가 타국에서 생활을 일으키신 것처럼 저도 스스로 생활을 일구어 보겠다고 했다. 그 의지가 대견했던 난 겁도 없이 너그럽게 일본 체류를 허락했다. 그러나 체류는 길어졌다. 결혼도 거기서 했다. 학교 다닐 때야 방학이나 연휴면 집에 오곤 했지만, 일본으로 가고 난 뒤 이렇게 해서 아이는 일 년에 한 번 얼굴 보기도 바쁘게 되었다. 그러니 아이 입맛이 어찌 변해 가는지 알 턱이 없었다.

드디어 꿈에(?) 그리던, 가족의 모여 살기가 시작되었다. 하지만 나를 기다린 건 입맛의 커다란 간극이었다. 입에 대지도 않던 갈비찜은 물론, 고추장 소스가 아니라 타르 소스, 참기름 소스가 아니라 마요네즈, 잔치 국수가 아니라 스파게티, 등등, 셀 수 없이 많은 차이에 앞이 아찔했다. 화도 났다. 내가 애를 이렇게 길렀어? 내 아들 맞아? 정말 '희미한 옛사랑의 그림자'야?

아들도 이러니 며느리는 말해 뭐하랴. 분명 같은 배달민족 피를 이어받았건만 적응난망이었다. 그러나 문제에는 언제나 원인이 있는 법, 차츰 침착을 되찾으며 이유를 생각해 보았다. 물론 여러 가지 이유가 있겠지만 그중 하나는 둘 다 타국 생활이 만만치 않으니 집밥보다는 식당밥에 더 길든 탓이라고 쉽게 원인이 짚였다.

식당밥이라는 게 다른 업소보다 하나라도 색다르게 보여야 손님을 끌 수 있기에 북어국에 양파를 넣기도 하고, 감자국에 당근을 썰어 넣을 수도 있을 것이다. 집에선 신김치를 치우기 위해 만드는 김치볶음밥이지만 거기선 돈 받고 파는 상품이니 계란 후라이라도 더 얹어 볼품, 아니 상품의 가치를 높였을 것이다. 그래 이에 길든 아이들은 집에서도 이리해 먹어야만 맞는다고 생각하는 것이라 짐작되었다. 하지만 집밥은 장식-꾸미를 얹어야만 팔리는 상품이 아니다.

집밥에 생각이 미치는 순간, 미주 이민 생활의 자녀 교육하면 늘 예화로 등장하는 전혜성 박사가 떠올랐다. 그분은 가족이 함께 식사할 수 있는 자리를 위해 아이들이 졸고 앉았을망정 새벽 네 시면 상을 차렸다고 한다. 가족은 음식을 통해 소통을 이룬다는 신념 때문이었다 한다.

또한 예전 우리 조상들은 가족의 길흉화복을 집밥이 만들어지는 부엌의 부뚜막 조왕신에게 빌었다. 음식은 곧 생명, 존재의 다른 이름이기 때문이다. 고급 식당의 주인들도 끼니가 되면, 손님에게 내는 꾸민 음식을 먹는 게 아니라 자신들을 위한 수수한 음식을 따로 준비한다고 한다. 집밥을 먹기 위해서다. 집에선 물 말은 찬밥에 김치만 먹어도, 바가지에 남은 음식을 쏟아 고추장과 두루치기로 비벼 숟가락 싸움하며 먹어도, 계란 후라이 없이 김치볶음밥을 해 먹어도 마음이 편안하고 따뜻해진다. 이것이 집밥의 힘이다.

인간의 시작이자 마지막, 살아가는 힘의 원천인 집밥. 한데 내 아이들은 지난 십여 년간 식당밥만 먹어, 뭘 잃었는지도 모른 채 이윤 추구하는 상품에만 길들여졌구나. 상품을 소비하는 소비자로서 선택만을 즐겨온 아이들이 가여워 마음이 미어져 왔다. 무엇을 상실했는지도 깨닫지 못 한 채 그저 복잡한 세상만 바라보고 달리며, 수많은 상품 속에서 선택의 고민을 안고 소비에 부심하니 스트레스만 늘어 갈 수밖에.

하긴 요즘은 음식도 국가적 차원의 산업이어서 선택해야 할 상품 중의 하나다. 상품은 품질을 관리하여 제품을 규격화하여만 대량 생산되어 경쟁력이 생긴다. 그렇다면 음식의 경쟁력은 뭘까? 보기 좋은 떡이 먹기도 좋다고, 요즘은 감동 마케팅이 대세라고 한다. 하면, 감동을 대량 생산할 수 있고 공산품처럼 규격화할 수 있을까? 또한 감동을 주는 음식이 정말 좋은 음식일까?

맛으로 승부하는 이탈리안 음식 중국 음식의 유행이 지나고, 요즘은 일본 음식이 대세다. 눈으로 먼저 느끼고 맛으로 두 번 감동한다는 그 음식. 미국인들은 고급문화를 소비하는 문화인의 자부심을 느끼려 할 때 일본 음식을 택한다. 양 보단 질이라고, 지갑 열기를 서슴지 않는다.

그러나 거기에도 개인차는 있다. 도쿄 번화가에서 처음 대한 일본 음식은 첫눈에 말 그대로 감동 그 자체였다. 완벽하게 조화를 이룬 색이 재창조되어 거기 누워 있다는 놀라움, 그것은 충격이었다. 그러나 두 번째 대했을 땐 또? 하는 뜨악함, 아니 좀 지루한 느낌이 들었다. 세 번째 대했을 땐 완벽함이 주는 긴장감으로 불편한 나머지 슬쩍 짜증마저 일었다. 두통조차 느껴졌다.

급전직하의 싫증, 거기엔 없는 것이 있었다. 여유의 부재! 그 순간 나는 촌스럽게도 편안한 음식이 그리워졌다. 사람 냄새 나는 수더분한 음식, 가령 집밥 비슷한 가정식 백반이 어디 없을까? 이때, 이렇게 지치는 기분은 과연 나만 갖는 것일까?

젊음은 풍요 그 자체이지만, 많이 갖고 있다는 사실을 미처 알지 못하여 마음이 가난하고 추웠던 시절, 우연히 걷던 효자동 길에서였다. 그 시절 내가 좋아하던 음식 중의 하나는 찹쌀 도넛이었다. 그것도 명동 입구 케익파라의 찹쌀 도넛이어야 했다. 그런데, 그것은 두 개면 부족하고 세 개면 양이 많아 그동안 그것이 무척 불만스러웠다. 그러던 차, 혼자 걷던 그 효자동 길에서 원하던 양과 흡사한 도넛과 마주쳤다.

그 날 나는 허름한 가게의 처마 밑에서 그 소박한 도넛을 베어물며 가난이 씻겨 나가는 느낌에 눈물이 솟았다. 마음이 너무

가난하여 그 손맛에라도 기대고 싶었던 그순간 목울대를 꽉
메우던 감동, 이런 정신적 활동은 공산품으로 생산할 수 없다.
음식재료를 규격화할 수는 있지만 살맛 나는 입맛, 사적인 반응인
감동을 어떻게 규격화하여 대량 생산할 수 있단 말인가. 규격화될
수 없는 개인의 감정까지 상품화하려는 현대 물신의 욕망이
난감하다.

　모든 상품은 생산자의 성실과 정성이 소비자에게 느껴질 때
우수한 제품이 나온다. 그러므로 음식의 경우, 만드는 사람이 먹는
사람에 대한 애정을 갖고 관심과 정성-이것이 바로 감동의
관건이다-을 기울여 만든 뒤, 먹는 사람이 만든 사람에 대한
고마움을 느끼며 편안한 마음이 될 때 우수한 상품이 된다.
그러므로 음식의 상품화 경우, 차라리 정성을 경쟁력으로 내세워
그 행동을 항목화하는 것이 어떨까. 그것도 요란한 정성 말고
소박한 정성으로. 눈이 휘둥그레지는 놀라운 감동도 기억에 남는
훌륭한 추억이지만 소박하게 가슴에 스미는 감동은 시간을 더해
가며 여운을 남겨 감동을 증폭시킨다. 생명력 긴 진정한 감동이란
이런 것이 아닐는지. 그리고 화려한 것은 화려하게, 소박한 것은
소박하게 제 모습을 지닌 음식을 선보였으면 한다. 사람도 개성
있는 사람이 마음을 끄는 것처럼 음식도 제 모습을 갖춰야 감동이
산다.

　하지만 요즘은 집에서조차 인터넷에 사진 찍어 올린다고,
소박한 음식에도 불필요한 음식재료를 장식으로 얹는다. 돋보이는
것과 왜곡엔 분명 차이가 있음에도 불구하고. 소박한 것을 소박한

대로 두지 못하고 기어코 감동 요리로 변신시키는 이런 현상은 전 국민의 일 등화, 천재화를 시도하는 한국 교육계의 학부모들과 흡사하여 입맛이 씁쓸하기만 하다. 획일화되어 가는 세태로 하여 본질은 이처럼 점점 더 핵심에서 멀어져 가고 있다.

이토록 달라져 가는 세태에 우리 집 입맛 손맛만을 고집하려 했다니. 생각이 이에 미치자 나는 말할 수 없이 서글퍼지는 마음을 누르며 생각을 바꿔 먹기로 결심하였다. 내 사랑과 정성이 그들에게 느껴질 때까지 군말 말고, 가정식 백반 따위 흉내일망정 김치볶음밥 위에 계란 후라이를 올려 주자. 기꺼이, 그것도 잘 비벼지게 반숙 상태로. 장식이 들어간 음식보다 수더분한 정성이 가득한 음식이 살맛 나는 음식이란 걸 알게 될 때까지. 꾸민 밥보다 수수한 밥이 더 힘이 있다는 걸 알 때까지.

일주일

또 새로운 한 주가 다가온다. 여러 배를 위대(胃大)하게 흡족 시키려면, 또 장을 보러 가야 한다. 이번 주엔 또 무엇으로? 나는 종이와 연필을 꺼내며 신중을 기해, 또 궁리에 궁리를 거듭한다.

월요일은 월요일이라서 뭔가 새로운 느낌이 나야 할 터. 뭐로 한 주를 여나? 냉장고 청소 겸 지난주 먹다 남은 김치로 김치 볶음밥 이나 해? 매콤 산뜻한 맛으론 따라갈 게 없는데. 하지만 이거 자주 등장시키면 구성원들에게 비토 받는 수 있지. 그리고 일기예보에 월요일 비라고 했잖아. 주초부터 집안에 냄새 풍기긴 좀 그렇다. 이웃집에도 미안하고. 하면 오랜만에 콩나물밥은 어떨까? 그래, 고기를 채 썰어 볶고 콩나물을 얹어 밥을 해 참기름과 양념간장에 비비면 다른 반찬도 필요 없지. 이거 영양도 완전에 가깝고. 좋았어!

화요일엔 육개장? 고사리 삶은 것이 냉동실에 남았으니 장만하기 수월하겠다. 고추 기름내기 팔 아프지만, 일단 한 번 만들면 식당 단가보다 싸게 먹히는, 폼나는 일품요리잖아. 게다날씨도 꿀꿀하니 금상첨화. 아이들은 국물 내 두었던 닭가슴살국을 주면 되겠다.

수요일 불고기. 아니, 요즘은 고길 먹고 싶지 않다고 했어. 상추겉절이로 두부 샐러드를 할까? 그건 너무 가볍지 않을는지. 북어찜과 두부 부침이면 모두 기뻐할까? 두부 부침을 해 놓으면애아범에게 또 허락받고 먹어야 할랑가? 그렇다면 상추 겉절이, 두부 부침, 북어찜으로 가지.

일 주 중 가장 스트레스 파고(波高) 높은 목요일은? 아구아구씹어 넘길 수 있는 돈가스? 먹고 남으면 도시락 싸기도 수월할 터. 한데 금요일에 생선 튀김 먹을 예정이니 이틀 연속 튀김은 좀그러네. 그럼 연어구이? 연어를 레몬 뿌려 오븐에 굽고, 감자와브라콜리 곁들이면 그럭저럭 레스토랑 기분도 낼 수 있겠다.

금요일은 예정대로 생선가스, 아니 생선 커틀릿. 틸라피아에밀가루 계란 옷 입혀 기름 좌악 뿌린 것을 오븐 가득 구워내고, 소스와 양배추를 썰어 곁들이면 아이들도 게 눈 감추듯 할 것. 거기에 화이트 와인 한 잔씩 하면 여섯 식구가 흐뭇하게 해피프라이 데이!

토요일. 이날은 중요한데…… 가장 느긋하게 즐기고 싶은시간이니 해물 샤부샤부? 하지만 이건 애어멈 일시키는 거나다름없으니 다른 것. 아— 이날 덥다고 했다. 냉면 할까? 하지만국물과 소스 준비하는 시간도 그렇고 입가심으로 불고기도준비해야 하니, 준비 시간이 너무 길다. 이젠 늙어서, 서서 장시간

일하는 것도 버거워. 이열치열이라고 닭이나 고아? 하지만 애들 할아버지가 닭을 싫어하니 틀렸어. 애들까지 다들 잘 먹는 두부 샌드위치나 하자. 두부 켜에 고기를 무쳐 끼우고 프라이팬에 뭉근히 익혀 살짝 간장 뿌려 먹으면 오케이. 거기에 약간의 야채와 레드 와인을 곁들이면 제격. 토요일 만찬, 이만하면 괜찮지. 나물 먹고 물 마시고 팔 베고 누웠으니 대장부(?) 살림살이 이만하면 넉넉하지, 얼쑤! 뭐, 그런 거지. 흠흠.

   각설하고, 이날은 다음 한 주 아침 먹을 베이글을 만들어야 한다. 이 날 날씨가 어떻다고 했더라? 밀가루 반죽 발효가 쉽게 되려면 날이 좋아야 할 터인데. 이따 일기예보를 다시 확인해야겠다. 그리고 주중 아침 점심이야 각자 일하는 영역에 맞게 알아서 먹겠지만 주말은 다르다. 토요일 아점 베이글, 저녁 두부샌드위치. 일요일 아침 베이글, 점심은 교회에서.

   자— 그렇다면 한 주의 방점을 찍는 일요일 저녁은? 상추쌈과 삼겹살, 그리고 막걸리? 한국인의 소울 푸드라잖아. 한데 이건 지난주도 했잖아. 분명 비토 받을 거야. 그렇다면 우리 집 표 꼬리찜? 일주일에 한번 푸짐한 만찬엔 역시 소 두 마리가 필요해. 단백질, 칼슘, 칼륨, 연골들을 원만하게 연결해 주는 적당한 지방질, 기타 비타민 등등. 거기에 맥주 한 잔씩 할까, 아님 레드 와인을 반복할까? 뭘 원하는지 오늘 저녁 다들 모인 자리에서 물어봐야겠네. 이렇게 먹여 줘야 또 다음 한 주 힘내서 으쌰으쌰 할 것이지.

이걸 다 정리해 보면 콩나물밥, 육개장, 두부 부침, 상추 겉절이, 북어찜, 연어구이, 생선가스, 두부샌드위치, 꼬리찜. 이렇게 하면 한 주가 간다 이거지. 그 외에 밑반찬이 필요하니, 이번 주는 오징어채 무침 아니면 북어채 무침? 단백질 덩어리 오징어채 무침보단 북어채 무침이 좋겠다. 그리고 잔멸치 볶음과 시금치 나물과 도라지나물. 김치는 한 통 사고. 깍두기는? 김치는 사 먹어도 깍두기까지는 참을 수 없으니 무 두 개 사자. 그리고 냉장고 속에 자리 차지하고 있는 마늘 장아찌, 깻잎 장아찌, 고추 장아찌가 식단을 도와주겠지.

그렇다면 샤핑 리스트는 콩나물 한 팩, 양지머리 한 팩, 계란, 연어, 틸라피아, 두부 네 모, 불고기감 한 팩, 소꼬리 두 팩. 북어채, 시금치 두 단, 마른 도라지, 무, 풋고추. 그리고 애들을 위해 김과 만두가 필요하고 양념은 파, 마늘, 생강, 간장이 떨어져가니 국간장 한 통, 깨소금, 흰설탕, 흑설탕. 그 외 원두 커피, 인스탄트 커피, 이스트, 밀가루, 감자 한 팩, 고구마 네 개, 브라콜리, 크림치즈, 케첩, 버터, 먼스터 치즈, 스위스 치즈. 살라미, 볼로냐 아님 소시지, 과일 한 상자, 버드와이저 한 팩 아님 사무엘 애덤스 한 팩? 화이트 와인, 레드 와인. 한꺼번에 기억해 써내리기도 벅차네, 휴—.

이러면 대충 다음 한 주 준비가 되는 건가? 가만있어 봐. 이렇게 일주간 식품 준비를 반복하다 보면 어느덧 마지막이 오겠지? 준비, 준비…… 이런 준비 몇 번이나 더 하면 끝이 나게 될까? 지루한 반복. 일상의 반복. 하지만 싫증 내지 말자. 지루한 일상이 반복되는 이것이 바로 행복이다. 일상이 깨지는 일이 발생한다면 그건 기쁜 일보단 나쁜 일이 더 많더라. 그동안 가슴 떨며 살았던 수많은 일들. 도전과 열정이 재가 되어 사그라질 때마다 느꼈던 통렬한 고통. 중심 중간 중용을 배우는 일 또한 얼마나 힘들었던가. 그런 일들이 다시 반복된다면 정말 싫다. 그러니 이걸 감사한 줄 알고 살아야 한다. 또 지루한 한 주 보내게 해 주셔서 진심으로 감사합니다. 지루한 또 한 주, 감사히 받겠습니다. 생의 주관자시여!

만족 감동 그리고

비가 내린다. 늘 내리고 있는 비. 시애틀의 겨울은 비의 계절이다. 산과 호수로 이어지는 도시 주변이기에 그 위에 소곤소곤 내리는 비는 정감 어린 그림을 만든다. 그렇게 내리는 비를 바라보고 있노라니 반사적으로 떠오르는 커피에 대한 그리움. 창가에서 돌아서, 커피 물을 내리며 예전 생활을 잠시 떠올려 본다.

서울에서의 생활, 그 시절 커피 하면 우정 남대문까지 가야 살 수 있었던 맥스웰하우스 인스탄트 커피가 제일이었다. 없어서 못 마셨지, 그 커피에 불만이 있을 수 없었다. 다방에서 끓여 팔던, 담배꽁초에 계란 껍질 섞은 커피도 마시고 살았는데, 뭘. 그리고 작은 오빠가 비행에서 돌아오면 얻을 수 있었던 테이스터스 초이스 커피는 맥스웰하우스보다 더 구수했다. 아니면, 스위스 네슬레 커피. 비행 나간 조카딸이 사다 주던 네슬레 커피 향이 실내에 퍼지면 온몸이 나른해지도록 기분이 좋았다.

그라운드 커피를 만난 건 뉴욕에 가서였다. 거기에선 맥스웰 하우스 커피보다 척홀오넛 커피가 가격 대비 만족도 높은

94

커피였다. 25년 남짓 길들여진 그 맛. 그러나 시애틀에선 어느 매장에서도 그 커피를 볼 수가 없다. 비의 고장이기에 커피의 고장이기도 한 시애틀엔 이미 세계적으로 이름난 스타벅스, 틸리스, 시애틀스베스트가 있어서 맥스웰하우스나 척홀오넛 정도는 이름을 내놓을 수 없어 그런가 보다.

이 3대 상표는 미국을 대표한다고 한다. 시애틀에서, 특히 스타벅스는 어딜 가든 마주친다. 브루클린에선 벤슨허스트, 배스비치, 그레이브샌드 지역을 합쳐 한 개 밖에 없던 스타벅스가 시애틀에선 심지어 한 블럭 안에 두세 개가 있을 정도다. 똑같은 커피인데, 어째 스타벅스만 그리 매장이 많을까. 그것은 스타벅스의 독특한 판매 전략 탓이라고 한다. 감성 판매 전략. 세상은 이미 그렇게 변해 있었던 것이다.

서울에 살던 시절엔 그라운드 커피는커녕 인스탄트 커피만 해도 만족이었다. 그저 평범한 맥스웰하우스 마시다 테이스터스 초이스를 만나면 기뻤고, 스위스 네슬레 만나면 더 만족했던 그 시절. 그리고 뉴욕에선 맥스웰하우스나 척홀오넛 그라운드 커피면 대만족이었다. 모두 그 시절엔 만족, 그것이면 만족이었다. 정서와 정신, 나아가 삶을 관통하는 그 액체가 곁에 있기만 하면 됐다.

그러나 시애틀의 스타벅스가 태어난 이후로 고객의 소비 행태는 달라져 갔다. 만족에서 만족하게 하면 안 된다. 고객에게 감동을 안겨야 한다. 회사의 이런 사업 방침 때문이었다. 점차 스타벅스는 상품에서 멈추지 않고, 이야기가 있는 감동의 그 무엇이 되어 갔다. 그리고 세계를 지배하게 되었다. 이제는 사업하는 사람이면 누구나 그들처럼 소비자 감동을 우선하기 때문이다.

　예술 작품을 감상할 때 느끼던 감동. 그러나 이제는 경제 사회에서도 감성, 감동이 대세다. 롤프 옌센은 미 대학 연구 두뇌 집단인 코펜하겐 미래 문제 연구소장이다. 지난해 그는 다가올 사회에서 기업과 일이 어떻게 변화해가는가를 규명하여, 미래 시장과 여가의 모습에 대해 명확한 비전을 제시했다. 구체적으로 그는 나이키와 스타벅스의 예를 들었다. 나이키는 단순히 신발만 파는 것이 아니라 문화를 팔고, 스타벅스는 CEO의 독특한 생각과 성공 스토리를 판다. 즉 기업은 상품에 꿈과 이야기를 담아야 소비자의 마음을 사로잡을 수 있다는 것이다.

　또한, 그는 미래엔 소득 증가가 행복에 큰 영향을 주지 않는다고 했다. 일 인당 국내 총생산 GDP가 만 5천 달러 넘는 나라의 소비자들에겐 상품의 기능도 더는 중요치 않다. 그들은 꿈과 감성의　사회를 원할 뿐이다. 그러므로 드림 소사이어티에서 기업의 부는 상품의 기능적 측면을 통해 이루어지는 것이 아니라 소비자의 감성을 자극함으로 이루어진다. 감성과 꿈을 파는 스토리텔링은 사회 모든 분야에 적용될 것이다. 정보화 사회에 살고 있는 지금은 IT의 힘이 강력하지만, IT도 그 자체로선 큰 의미가 없다. IT도 예술 엔터테인먼트, 즉 문화와 결합하여 사람들의 꿈과 감성을 키워줄 때 비로소 큰 힘을 발휘할 수 있다.

미래엔 유머와 재치로 감성을 자극할 수 있는 사람, 즉 창조적 인간이 각광받고 성공하는 시대라는 점을 그는 강조했다.

보도에 의하면 한국 농어업 예술 위원회에서도 이런 감성 판매 사업을 추진 중이다. 첫째 품목은 종자장(種子醬). 종자장이란 장을 담가 최소한 30년이 지나야 얻을 수 있는 간장으로, 시간이 지날수록 더욱 높은 품질을 갖게 되는 장을 말한다. 그 최고 (最古)의 예는 보성 선씨 종가의 350년간 계승되어 온 종자장이다.

이런 종자장에는 우리가 여태 모르던 식품의 개념이 들어 있다. 만일 음식에도 종자라는 개념을 만든다면? 동물로 말하면 품종, 식물로 말하면 씨에 해당하는 종자장의 종균이 바로 그것이다. 종균에 의해 배양 계승되어 역사의 숨결을 담는 종자장. 이 스토리텔링에 종균 족보까지 첨부하면, 이것이야말로 식품의 골동품화이며, 감성과 꿈을 파는 상품으로, 경쟁력이 있지 않겠는가. 이상이 종자장을 준비한 사람들의 변(辯)이다.

이처럼 움직여 가는 세상. 하지만 만일 시간이 지나, 만족이 그랬듯 감동도 시들해진다면, 그 뒤 무엇이 있어 소비자의 마음을 움직이게 될까? 만족의 시대, 감동의 시대, 그리고 뒤이어 올 것은? 충격의 시대? 웬만한 자극엔 꿈쩍도 않을 터이니, 놀라운 것이 아니면 안 되겠지? 변기형 식탁의 식당, 접시 대신 사람이 누워 있는 생선회 집, 등등. 그렇다면 커피는 무엇에 의해 우리에게 충격으로 다가오게 될까?

사람의 마음결이 점점 더 우습고 딱딱해져 간다는 염려와 두려움에 앞서 왠지 쓸쓸함이 느껴진다. 하지만 그 시대엔 또 그

시대의 가치관에 알맞은 정의(正義)가 있을 터, 그것이 심성의
파괴로 이어지는 길이 아니길 바랄 뿐이다.

쓸쓸함을 싸고도는 커피의 내음. 그 갈색의 내음을 들이마시며
나는 '만족한' 마음으로 그것을 흰 잔에 따른다. 그리고 내리는
은빛의 비를 기웃 내다본다.

오후 한때

오후 한때 눈이 내리겠습니다. 오늘은 일기예보가 제법이다. 오후가 되자 산뜻하게 눈이 내린다. 오롯이 쌓인다. 오그리듯 굽은 등으로 눈 위에 발자국을 남기며 집으로 돌아가는 사람들이 창밖으로 보인다. 옹그린 그들의 등에 문득 그림이, 아니 사진 석 점이 떠올랐다.

첫 사진은 흑백 사진이다. 1950년대 길음동 골목 풍경이다. 싸리비 생연이가 싸리비로 눈을 싹싹 쓸고 있다. 그는 작은오빠 친구다. 싸리비는 별명이다.

그 시절 내 별명은 보따리였다. 주변에선 보따리가 싫증났던지 리따보라고 불렀다. 자기는 솜 보따리고, 동생은 봐 줘서 그냥 보따리라고 불렀던 큰댁 사촌 언니가 그만 5살에 죽고, 홀로(?) 남은 나만 슬쩍 그냥 보따리가 됐던 탓이다. 기억 속의 나는 간따후꾸를 입고 있고, 여기 식으로 말해 처비페이스에 포커페이스를 가진 아이다. 속내를 보이지 않는 아이. 그래서

99

어머니는 애가 이담에 뭐가 될꼬, 은근히 걱정이었다고 훗날 말씀하셨다.

그때 나는 막내였다. 적어도 그 시간 속에서 만큼은 아버지 무릎도 내 것이었고, 어머니 품도 내 차지였다. 자식 열 중 아버지가 업어 준 건 너하고 죽은 봉수뿐이다. 어머니는 늘 그러셨다. 하지만 뒤에 태어난 동생들과 조카들로 해서 나는 그 후 주욱 관심 밖에 서 있었다. 그랬기에 빼앗긴 사랑만큼 내 볼의 통통함도 빠져나가 버린 건 아닌지.

그러니까 그 사진 속의 나는 손녀, 통통한 아린이와 비슷한 모습인 것 같다. 그런 내가 작은오빠 손잡고 그 골목을 걸어갈 때 오빠는 친구를 부르며, 싸리비가 싸리비로 눈 쓰는구나, 놀렸다. 그럼 생연이 오빠는 싸리비를 휘두르며 오빠를 쫓아 왔다. 둘은 부드러운 눈 위에서 푸드덕대는 닭처럼 뒹굴었다.

그 시절 싸릿대로 엮은 싸리비는 골목을 쓸 때 꼭 필요한 물건이었고, 특히 눈 쓸 때 유용했다. 그땐 눈도 살풋 살풋 왔기에 눈쓸기에는 싸리비가 제격이었다. 싸리비로 눈을 쓸면 하얀 도화지 위에 흙색 크레용으로 줄을 여러 개 길게 그린 것 같이 길은 정결하고 아름다웠다. 그러나 요즘은 어딜 가도 싸리비를 볼 수 없다. 사라지고 없는 것들에 대한 애잔함, 연민. 나는 그 사진을 눈 쓸어 보듯 손바닥으로 쓸어 보았다. 애틋함이 찌르르 지나간다.

다음 사진은 1990년대 뉴욕하고도 브루클린이다. PS200 초등학교와 62 경찰서가 있는 거리. 모든 사물은 공평하게 흰 이불 하나를 나눠 덮고 자취도 없이 사라져 버렸다. 그러기에 창으로 보이는 풍경은 아름답다. 슬픔도 노여움도 다 덮어 버리고 흰색 하나로 통일된 경이의 세상. 일기 예보를 전하는 아나운서는 18인치 눈이라고 했다. 거기선 20인치 눈조차 상식에 속한다. 상식에 갇혀 도시인들은 꼼짝 못 한다. 아가사 크리스티의 <쥐덫>에 등장하는 폭설, 한계 상황이 바로 이거다. 모든 일이 일단정지다.

오후가 되면 사람들은 삽을 들고 거리로 나간다. 그리고 어림으로 지난밤 주차한 부근을 더듬어 차를 찾는다. 십여 분 넘게 여기저기 삽으로 눈을 파헤쳐 보면 자기 차를 제대로 찾았는지 판가름된다. 그다음엔 가족 모두 삽을 들고 나서 차 앞뒤로 눈을 퍼내 길로 던진다. 퍼 던진 눈이 도로에 가득 쌓이면 시에서 운행하는 쓰레기 차들이 뒤로는 소금을 뿌리고 앞엔 큰 삽날을 붙이고 나타나 눈을 밀고 간다. 그러면 기껏 퍼 던졌던 눈이 도로 밀려 차를 가둔다. 사람들은 지저스크라이스트! 하고 외친다. 화는 나지만 별도리 없다. 처음부터 다시 시작하는 거다. 아이들은 또 어떤가. 삼삼오오 모여 싸리비가 아니라, 삽을 메고 눈 치우는 노동력을 팔러 다닌다. 용돈을 벌 절호의 기회다. 거기서 집앞 눈을 안 치우는 집은 티켓을 감수해야만 한다.

그렇게 해서 다음날 생활이 겨우 시작된다. 그러나 더 큰 문제는 어딜 가도 눈 무더기이기에 차를 주차할 데가 없다. 그러지 않아도 주차 문제가 심각한 시에서 더더욱 심란할 수밖에. 짜증 나고 피곤하고 누구와도 시비 붙고 싶은 심정. 사람들은 눈으로 해서 순화된 마음을 갖게 되기보단 상대를 때려눕히고 싶을 만큼의 거친 심성이 되고 만다. 그러기에 거기서 눈은 폭력이다. 덫이다. 모든 것을 다 삼켜 버린다. 생활이 정지된 도시. 하지만 그래도 꾸역꾸역 살아야 하는 도시다.

그다음 사진은 2010년대 시애틀 근교. 2인치 눈이 깔린 길, 그러나 학교가 문을 닫는다. 도로에서 차들은 엉금엉금 기고, 심지어 고속도로에 차를 버리고 가는 사람도 있다. 늘 비가 오기에 눈에 대한 준비가 미처 안 된 탓이다. 여기서 3인치 눈은 비상사태에 속한다. 그러기에 사람들은 한숨을 내쉬며 불평을 한다. 한숨 쉬는 사람들에게 엄살 부리지 말라고 하면 그들은 눈을 흘긴다. 3인치든 30인치든 생활에 방해받기는 마찬가지란 거겠지. 싸리비로 쓸던 포근하고 정답던 눈은 어디로 가고, 삽으로 무찔러내야 할 대상만 남았구나.

사진을 내려놓는데 문득 고야의 <자식을 잡아먹는 사투르누스>가 떠오른다. 그 그림에서 사투르누스 (=크로노스)는 시간이다. 시간에게 잡아먹히는 인간. 석 점 사진을 거쳐 오는 사이 이제 나도 거의 다 잡아먹혔다. 다 먹히고 다리 정도 남았을까. 크로노스에게 잡아먹힌 자식들은 형제, 제우스가 와서 아비를 제압한 순간 다시 세상을 볼 수 있었다. 우리에게도 제우스가 와 줄까?

이윤기의 <그리스 신화>에 기대보자. 델포이의 신녀 퓌티아가 마지막 신탁을 사양하며 했던 말,

"대자연의 '자궁' 속에서 시대가 잉태되었다. 이제 델포이의 태양 (포이보스 아폴론)은 서쪽으로 지고, 신탁은 빛을 잃어 들을

수 없는 때가 임박했다. 새로운, 살아 있는 신탁이 지금 이 성스러운 숲 속에 있다. 장차 그 임마누엘 (신이 함께하시다.)이 슬기와 권세를 펴리라. 이제 모든 생령은 그 임마누엘의 말을 듣고 그를 받들어야 하리라."

리바이 도링이란 사람이 쓴 책을 인용한 이 말에 의하면, 그 임마누엘은 지금 예수스 그리스도 (기름 부음을 받은 예수)라고 불린다. 그렇담 오늘날, 시간이란 덫을 제거해 줄 제우스는 예수인가?

그러고 보니 내일은 교회 가는 날이다. 그 다음 주도 갈 것이다. 성긴 눈송이가 공중에 날리듯 시간은 허술하게, 그러나 단단하게 뭉친 눈뭉치처럼 더욱 거칠게 날아간다. 시간! 치아 사이로 가볍게 소리를 통과시키며, 일기예보를 쏟아내는 아나운서 음성에 다시 귀 기울여 본다. 그는 반복해서 가볍게 말한다. 내일 오후 한때 다시 눈이 살짝 내리겠습니다.

축제

　매년 2월 첫째 토요일은 <한국문인협회 워싱턴주 지부>의 생일 잔칫날이다. 협회 발족이 2월 3일이었기에 그 주의 토요일을 기념의 날로 정하였다. 올해도 첫째 토요일인 2월 6일, 기념일을 겸하여 공모전을 거친 새로운 식구 8명을 맞이하였다. 식에 참석한 나는 이들을 바라보며 마음껏 환영의 박수를 보냈다. 아마 이들은 올해 안에 한국의 잡지들을 통해 소위 등단이라는 것도 할 것이다. 개인으로도 영광이고 양적 질적으로 발전하는 협회로서도 바람직한 일이다.

　그리고 그 주(週)와 그다음 주에 나는 두 편의 칼럼을 읽었다. 하나는 본국판 한국일보에서 읽은 시인 이대흠 씨의 <시집 좀 사세요>였고, 또 하나는 시애틀판 한국일보에서 읽은 재미시인 협회의 시인 전종진 씨의 <시집 사는데 왜 인색한가>였다.

　우선, 이대흠 씨의 의견은 이러하였다. '시인이 되려고 비싼 등록금 들여 대학 나오고 등단도 하였지만, 시인으로 활동할 수가 없다. 그 이유는 시인이란 직업을 직업으로 대접받지 못하기 때문이다. 시인이란 시를 쓰고 시집을 출판하여 돈을 버는 직업인데, 시집을 내면 시집을 사는 사람보다도 증정본을 요구하는 사람이 더 많다. 일일이 서명하여 주소 적고 봉투에 넣는 시간도 뺏겨야 한다. 거기에 자기 돈까지 더해 책을 보내야 하니 인세는커녕 카드빚만 남는다. 수입보다 지출이 더 많은 탓이다. 이건 그래도 나은 경우다. 등단은 했으나 원고 청탁 한 번 받지 못한 시인도 있다. 개점휴업이다. 또 청탁을 받았다 해도 고료를 청구할 상황이 아니다. 잡지사 사정이 어려운 줄 알기에 고료는 자연스레 잡지 구독료로 바뀐다. 그러니 시인은 주린 배를 움켜쥔다. 겨우 살아남은 그들은 그러나 시를 쓰기 위해 밤을 새운다. 이게 2010년 대한민국 시인의 모습이다.'

LA의 전종진 씨의 경우는 좀 더 살벌(?)하다. '한국의 한 문예지에 시 몇 편 제출하여 등단의 영예를 안았다. 그러나 거기에선 그 문예지를 50권 사야 등단패를 보내 준다고 해서 살 수밖에 없었다. 그 뒤, 시작 활동이 계속되고 시집도 냈으니 시의 고료를 받아야 하지만 실제는 반대다. 협회비, 그리고 협회지에 시를 싣는 대가로 출판비를 매년 지불해야만 시작 활동도 할 수 있다. 처음 등단한 문예지에 시 몇 편 보냈지만, 그것도 감감 무소식이다. 아마 이번에도 책 몇 권을 사 줘야 실릴 모양이다. 시집은 시인에게 애써 모은 수확이다. 그걸 팔아야 인쇄비라도 건질 터인데 사 주질 않는다. 인쇄비는 커녕 서점에 가서 위탁 판매를 부탁해도 찬밥 신세다.'

　그래서 두 분은 외친다. 시집 좀 사라고. '시인이 없었으면 우리말이 이만큼이나마 풍성해질 수 있었을까. 한 조각 언어를 다듬기 위해 대책 없이 아름다운 사람들이 시인이다. 아무리 살기 어려워도 시집을 거저 얻으려 하지 말고 제발 좀 사주기 바란다. 사람들아! 시집 좀 사라. '

　위의 두 칼럼을 읽었을 때 나는 비시시 웃었다. 에두르지 않고 직설적으로 말하는 그 용기(?)도 가상하고, 솔직한 입담이 밉지 않아서였다. 그러나 거기엔 또 한 가지의 이유가 있었다. 이분들은 그래도 우리보다 형편이 낫네, 하는 심사가 들어 있었던 탓이다.

　여기서 등단을 하려면 우선 해당 잡지사의 잡지를 일 년 치 구독해야 한다. 또 등단 월호의 잡지를 50권 사야 한다. 등단패도 돈 내고 사야 한다. 어떤 잡지사에선 회원제를 운용하여 회비도 내라고 한다. 하지만 머리 세도록 작품 쓰고, 돈 들여 등단했다고 다 시인이고 작가 대접을 받는 건 아니다. 독자라는 시장이 빤하니까 아무리 작품을 써도 실어 줄 지면(紙面)이 없는 것이다. 그러니 고료는커녕 실어주기만 해도 감사하다고 인사까지 해야 할 판이다. 오직 기댈 수 있는 곳은 등단한 잡지사뿐인데, 거기는 이미 포화 상태이다. 시인 만여 명, 수필가 삼천여 명 시대가 아닌가.

　하지만 이런 상황을 그래도 감사한 마음으로 받아들여야만 한다. 7, 80년 대만 해도 본국 문단은 해외 문인(?)들에게 참으로 까칠(?)하였다. 저명한 문학 평론가 한 분은 저술상까지 받은 그의 저서에서 말하길, '<재외 한국인 현역 작가 특집>을 읽을 임무나 평가 기준은 나의 기준 속엔 없다. 글이 써지지 않아 펄펄 끓는 머리로 이 현실 속에 살고 있는 작가만이 나에게는 작가다. 그렇게도 작품이 쓰고 싶거든 이 땅에 돌아와 써라. 신통치도 않은 작품을 그렇게도 쓰고 싶거든 정작 그곳의 언어로 써라. 자신의 정신 위생을 위해서도 또 국위 선양을 위해서도 그 길을 택함이 정직함에 속하리라.'

80년대 그때, 이 일갈(一喝)에 깊게 가슴을 베인 나는 다음과 같이 강변(強辯)했다. '왜 한글인가? 의식의 형성기를 한국 내에서 보낸 우리 대부분은 여전히 한국인일 수밖에 없으니 작업 도구는 자연히 한글일 수밖에 없다. 응결되지 못하고 뿔뿔이 흩어져 고독하게 웅크리고 사는 우리가 무엇으로 위안받을 수 있겠는가? 그것은 어머니의 언어, 우리의 유아어였던 한국어의 문자 표기인 한글이 될 수밖에 없다. 젖은 마음과 땀 밴 감정은 유아어였던 한국어가 아니고는 도저히 풀어낼 길이 없다. 이런 우리의 입장을 그 누가 있어 원시적 감정의 발상이라고 몰아붙여도 좋다. 자의든 타의든 뿌리 뽑힘을 당한 우리는 우리의 정신을 치유하기 위해선 다만 '한글로' '쓸 수밖엔' 없다.'

그 후로 긴 세월이 흘렀다. 그리고 본국 가서 등단하면 위세롭게 일간지에 보도되던 시절도 지나, 요즘엔 너도나도 수월하게(?) 등단을 한다. 이제나 그제나 경영이 어려운 잡지사들인지라 등단 장사해서 수지를 맞추다, 시장을 넓혀, 해외로 눈 돌린 나머지, 문호가 넓어진 것인지는 몰라도, 아무튼 쉽게 등단을 한다. 아마도 수요 공급의 원칙에 의한 결과이리라. (여기서 문인의 길을 걷는 방법엔 문학 작품을 공모하는 2대 일간지를 통하는 길도 있다. 그러나 거기는 더 척박하다. 공모 결과 발표하고 상패와 상금 주면 그것으로 끝이다. 일회성에 불과한 행사를 거금 드려가며 왜 하는지 알 수가 없다. 적어도 <시애틀문학상> 공모전은 등단과 지면을 위해 노력은 해 준다.)

  하지만 여기까지다. 등단이 됐다고 달라지는 건 아무것도 없다. 혼자만 알아주는 등단이고, 우리끼리 부르는 시인이며 작가다. 독자도 없이. 이것이 여기 사는 우리의 위상이며 현실이다. 한데, 시집 좀 사달라고? 지음(知音)도 지면도 없는 우리에겐 그것이 호강스런 비명으로 들리는데. 기양(技癢)을 어쩌지 못해 작품을 써대고, 또 모여서 잔치(?)를 벌여도 우리가 하고 있는 일은 그저 '당신들의 축제'에 불과하다. 새 식구들을 맞이하던 날, 내 마음에 뿌연 안개가 긴 탓은 이 때문이었다. 그래서 집에 돌아오는 길에 읊어 본 게송(偈頌)(?), '홀로 가리라. 울면서 이 길을 가리라.' 그렇다고 해서 안개가 벗겨지는 건 아니지만.

성 장 통

성장통

　성장통이란 말이 언젠가부터 유행을 타기 시작했다. 짐작으론 1983년 <그로잉 업>이란 이스라엘 영화가 상영된 후가 아닌가 한다. 그 당시 동료 김화순 선생과 명보극장에서 본, 보즈 데이비슨이 감독한 이 영화는 Lemon Popsicle이 원제다. 이제 와 생각해 보니, 일본에서 상영할 때 붙였다는 <그로잉 업>이란 제목보단 미각적 이미지를 가진 원제가 더 맛깔스럽게 영화 전체를 아우르며, 운치를 더하는 제목이 아니었을는지.

　어쨌거나 그때 우리는 남학생들을 가르치는 직업을 가진 사람들이었기에 좀 더 남다른 심정으로 그 영화에 열중했다. 폭소와 눈물, 그리고 귀여운 놈들! 탄식하듯 한숨을 쉬는 사이 시간이 흘러 바비 빈튼의 Mr. lonely가 영화 마지막을 흐를 땐 이제까지와는 다른 영혼이 방문한 느낌도 들었다. 그것은 실패에 대한 통증, 공감의 통증이었다. 그리고 그 당시 아프게 깨달은 사실은 통증을 통하지 않고는 인간은 성장할 수 없다는 점이었다.

심지어 유아들도 앓고 나야 좀 더 어른스러워진다. 그러기에 5개월 짜리 몸무게 17파운드의 손녀가 기는 단계를 벗어나 일어나 앉으려고 노력하다 넘어지면 울음을 터뜨리는 것도 일종의 성장통이다. 2년 6개월 32파운드의 손주가 식사 때마다 야채를 골라내며 어미와 실랑이하다 마침내 울음을 터뜨리는 것도 성장통이다. 사십여 년 전 어느 따뜻했던 봄날, 고교생이었던 육촌 남동생이 툇마루 분합문에 기대앉아, 누나! 가슴 밑으로 지나가는 이게 뭐지? 무지 아파, 하소연했을 때 그것도 성장통이었다. 이 성장통의 가장 대표적인 예는 생사를 건 도전을 통과 의례로 채택하여 성년식을 치르게 했던 고대의 습속(?)일 것이다.

그러면 이토록 고통을 안기는 성장은 도대체 언제 멈추는 것일까?

아이가 한 해 동안 자란 키를 재며/ 엄마는 얼마나 컸냐는데/ ~ 덜컥 겁이 나 얼른/ 아니 어른서부터는/ 마음이 자란단다/ 하곤 거울을 보았다. (중략) 길죽한 자에 대고/ 마음을 잰다면/ 나는 허리를 굽혀/ 저기 저 발뒤꿈치 높이에/ 부끄러운 점을/ 찍고 있을 것이다.

문우 조정외 님의 <어른도 자란다>의 일부인 이 시를 보면 인간은 몸만 성장하는 것이 아니라 마음도 성장하는 것이다. 하긴 마음뿐이랴, 정신도 성장한다. 성장은 멈춤이 없는 것이다.

　연말이 되어, 지난 한 해 나는 무엇을 생각하고 무엇에 관해 글을 썼던가 되돌아보던 중 그것이 내 정신의 성장 기록이란 데 생각이 미쳤다.

　한 방울 이슬이란 프리즘을 통해, 만물의 숙명은 이별이란 사실을 들여다본다. 하지만 그들은 혹시 윤생을 통해 다시 찰나적 만남을 되풀이하고 있는 건 아닐는지.

　열매가 천천히 익어야 튼실한 것처럼 내 꿈도 천천히 완성하고자 한다.

　말과 글의 일치는 참으로 어렵다.

　이제나마 인간관계의 기본 열쇠가 관심과 사랑이란 걸 깨닫고, 깨닫게 해 준 분들께 감사드린다.

　매사 자신을 낮추고 삼가야 한다. 아차 하는 순간 일을 깻빡칠 수 있다.

　맛의 으뜸은 맛의 기본인 무미건조이다.

　수더분한 정성이 느껴지는 음식이 먹고 싶다. 그런 음식은 기본적인 집밥이다.

　행복은 깃털만큼 가볍고, 사소한 것에서 온다.

　사라져 가는 모든 것들의 뒷모습은 쓸쓸하지만 잡을 수 없다.

　기본은 갖추고 글을 쓰는가, 늘 반성하며 겸손한 자세로 글쓰기에 임해야 한다.

　고통도 시간이 지나면 새로운 인연이 되어 돌아온다.

　무수한 처음이 모여 그 생소함들을 익숙함으로 바꿔 길들여가는 것이 삶이다.

인간의 한계를 인정하고 받아들이는 지혜를 비로소 깨닫고, 글 쓰는 즐거움을 느낀다.

알 수 없는 미래, 그러기에 그 모호함에 적응하기 위해선 뭔가 준비가 필요하다.

나이 들어서도 자신의 모르던 자아를 깨닫는 황당한 순간이 있다.

복 받기 원한다면 우선 기본적으로 먼저 복을 지어야 한다.

생각을 분해 재조립하고 문장을 벼리는 과정에서 느끼던 고통, 주워 담기보단 버리기가 더 고통스러웠던 그 절차탁마의 과정이 이제 돌아보니 내 정신의 성장을 위한 성장통이었다. 그 고통의 과정을 통해 나는 생각의 지평을 넓혔고 인간을 좀 더 이해하고 사랑하게 되었다. 그뿐인가, 자신을 새롭게 발견하는 수확도 하게 되었다.

그러고 보니 나의 시각은 언제나 기본적 삶, 기본적 맛, 기본적 태도, 기본적인 능력 등에 머물러 있었다. 그러나 욕망은 언제나 기본적인 것을 넘어 더 위의 것, 더 큰 것을 탐내었다. 지난 한 해 순간순간 고통으로 가슴을 쥐어짠 이유가 바로 이것이었다. 능력 밖의 것을 이루려 하는 욕심이 마음을 어지럽히고 머리를 아프게 하여 심란한 나머지 짜증을 내었다. 이처럼 나이 육십이 넘어서도 성장의 욕심(?)은 멈추지 않고 매 순간마다 나를 고통 속으로 밀어 넣는다.

 멈추지 않는 성장의 욕구, 참으로 성장통은 생명이 다해야만 멈추는 것일까. 이는 어폐가 있고 과장된 말일 수도 있다. 하지만 마지막 눈 감는 순간까지 느끼는 욕망이 식욕이라 할 때, 인간의 존엄을 유지하기 위해 식욕을 억제하려는 마지막 고통, 그것을 무엇이라 불러야 할까. 그것이 바로 마지막 성장통이 아닐는지. 진정 우리는 성장통을 통하지 않고는 삶을 완성할 수 없는 것인가.

 정신의 확장을 위해 느끼는 고통도 성장통이라면 T.S엘리엇이 '사월은 잔인한 달'이라고 읊은 것, 이것도 사실은 계절이 주는 고통을 극복해야 하는 성장통이다. 심지어 나무도 자라려면 나이테를 남겨야 성장을 이룰 수 있다. 인간만 아니라 생명 가진 모든 것들은 성장통을 통하여 생명을 완성해 간다는 사실 또한 이제야 알게 된 돈오의 하나가 아닐 수 없다. 고통을 통하지 않고는 완성할 수 없는 생명의 숙명, 고통을 통해서만 성장할 수 있는 잔인한 요구, 그러기에 생명은 비극이 본질이다. 그러하므로 존재하고 있는 동안 우리는 우리의 생명을 축복해야 한다. 이것이 바로 생명의 이중성이며 모순이다. 삼십여 년 뒤인 오늘, 부슬부슬 내리는 겨울비를 내다보며 다시 Mr. lonely를 듣는다면 출생에서 사망까지 관통하는 이 아픔이 좀 가벼워질까. 아소, 님하!

힘

　밖으로 나오니 비가 내리고 있었다. 곧이어 아들 내외가 도착했다. 차에 오르자 며느리는 우리 집에서 제일 잘 나가는 사람은 어머니라고 우스개를 했다. 나는 그 시샘(?)에 픽 웃으며 창 밖을 내다보았다. 촉촉이 땅에 스미고 있는 비, 그러나 내 안에선 자괴감이 스멀스멀 스미고 있었다. 도저하던 자신감은 대체 어디로 갔단 말인가.

　방송국 대담을 마치고 돌아오는 길이었다. 출연자들이 시와 수필을 낭독하고 대화를 나누며 음악도 곁들이는 프로그램이었다. 낯선 지역에다, 들어 보지 못한 프로그램이었기에 그에 대한 기본적 이해나 진행 방식도 잘 몰라 참 자신 없던 자리였다. 게다 진행이 되어 가며 대담 내용이 일반적인 것으로 흐르게 되자 대화에 적응해내기도 힘들어졌다. 풀잎 하나가 물살의 방향을 크게 바꿔 놓듯 호흡이 안 맞는단 생각이 들기 시작하자 대화 내용이 순식간에 저만치 달아나는 물살이 되었던 것이다. 자리는 기어코 낭패로 끝났다.

그 이유는 내 탓이었다. 지난 20여 년 간 나는 정글 속에 살며 가장 기본적인 정글 언어-하이, 땡큐, 바이,로 하루를 축약해 왔다. 그래서 자신의 능력은 갑 속에 든 칼이라고 자부(?)했다. 하지만 오늘 보니, 꺼내 쓰기엔 너무 녹슨 칼이 되어 있었다. 장사란 것이 손님의 입장에서 들어주고 말해야 하기에, 아니요! 란 말을 쓸 수 없어서 언제나 내 생각과 의견은 유보한 채, 대화다운 대화를 해 보지 못했었기에 자신의 능력이 감퇴, 아니 부식되어 간단 걸 전혀 알아채지 못한 것이다. 이런 낭패가 또 어디 있담! 부끄러움으로 뒤통수에 잉걸불을 흩어 놓은 것만 같다.

그러자 의식 아래 숨어 있어, 잊고 있던 낭패감들이 슬며시 머리를 들고 둥둥 떠오른다. 대학 입학하던 때였다. 이 년이나 쉬어서 들어간 대학이었기에 입학 오리엔테이션 날, 나는 남다르게 부푼 마음으로 참석하였다. 수백 명의 신입생들이 강당에 운집하여 과별로 자리에 앉았다. 학사 과정과 교수진 소개에 이어, 여흥 시간이 되었을 때였다. 무용과 과장이 포크 댄스를 한다며 시범 보일 학생들을 선정하였다. 그 중, 첫 번째로 뽑힌 사람은 놀랍게도 나였다. 수백 명 학생들 가운데 섞여 앉은 내가 어떻게 선택되었을까. 확률상으로 계산해 보아도 불가능한 일이 벌어진 것이다. 놀라움으로 숨이 멎는 것만 같았다. 이걸 운명의 조롱이라고 해야 하나?

문제는 내가 전혀 춤을 못 춘단 사실이었다. 나는 중고교를 통해 체육 시간과 율동 시간에 출석해 본 것이 손꼽아 볼 정도로 드물었기에 춤 근처에도 가 보지 못하였다. 건강상의 문제였다.

그런데 무대에 올라가 춤을 추라니. 당황해 하는 내게 노교수는 무대로 올라오길 채근하였다. 수백 명의 시선에 무릎 꿇은 나는 죽음을 각오하는 사형수처럼 무대로 올라갔다. 그리고 서너 명의 학생들이 더 올라오고 음악에 맞춰 춤이 진행되었다. 춤 못 추는 내가 갑자기 능력이 생길 리 만무였다. 결국 나는 망신감을 가득 안고 무대에서 내려왔다. 빛나야 할 대학 시작은 이렇게 망신살과 함께 시작되었다. 그때의 낭패감과 부끄러움은 지금도 지워지기 어려운 상처로 기억에 새겨져 있다.

그보다 더 충격적인 낭패감은 고교 시절에 있었다. 그 시절 나는 학교에서 소위 문사(?)로 날렸었다. 글, 하면 아무개였으니까. 2학년 가을이었다. 서울시 주최 중고교 학생 백일장이 열렸다. 교사 인솔 아래 우리 학교에선 20여 명이 넘는 학생들이 참석했다. 사생 대회든 백일장이든 지도 교사와 함께 가 본 적 없이 늘 혼자 다녔던 내게 그건 매우 흥분되는, 대단한 행사였다.

행사는 가을빛이 완연한 경복궁 뜰에서 열렸다. 그 날의 발제는 <힘>이었다. 힘? 그건 정말 힘든 제목이었다. 아무리 문사(?)였던 나였지만 힘의 실체에 대해 파악해 본 적이 없으니 글이 될 리 없었다. 그 시절엔 고독이니 그리움이니 또는 고통, 그런 것들이 대부분 소재로 쓰였었는데, 전혀 다른 성격인 '힘' 앞에선 힘을 쓸 수가 없었다. 정해진 시간이 지나고 원고를 걷게 되자, 우리 지도 교사는 제일 먼저 내 작품을 훑어 보았다. 실망하는 기색이 역력했다. 다른 작품은 보나 마나, 우리 학교는 틀렸구나!

선생님은 시선을 다른 곳으로 돌려 추색(秋色)을 바라보았다. 단풍에 지른 붉은 불보다 더한 불이 내 온몸을 태우는 것만 같았다. 그 날의 장원은 그 유명한 문정희였다. 낙엽이 꽃처럼 흩날리는 고궁 뜰에서 그녀는 족두리에 활옷, 아니 공주 옷을 입었다. 남학생은 장원 급제의 문관복과 어사화를 꽂았다. 내 눈엔 화려한 의상 속에서 웃고 있는 문정희만 크게 보였다. 그리고 망신살, 낭패감, 패배감, 부끄러움 그런 단어들이 입속에서 뱅뱅 돌았다. 한 마디로 말하면 단연코 수치였다.

그랬기에 그 후로 나는 절치부심, '힘'이란 말에 대해 생각하곤 했다. 그러나 그 실체는 만만하게 잡히지 않았다. 실체 없는 귀신 같은 말, 힘! 힘이란 말만 만나면 나는 늘 힘이 빠졌다. 난공불락의 성을 바라보는 심정이랄까.

나이 먹고도 간혹 그 실패했던 '힘'에 대한 생각이 떠오르곤 했다. 무엇이 힘일까? 힘의 요체를 어렴풋이나마 알게 된 건 최근이었다. 김학인 선생님의 수필 <삶의 듀엣>에 보면 힘에 관한 이런 내용이 나온다.

"사람들은 나와 남을 지나치게 의식해 과장과 허세를 부리며 말이나 신체 어딘가에 힘을 준다. 이런 체질화된 힘주기를 이겨내려면 또 다른 힘을 길러야 한다는 역설이 성립된다. 그러므로 힘을 줄 때와 뺄 때가 자연스럽게 조화를 이루어야 평안을 누린다. "

바로 그것이었다. 그동안 나는 힘을 강한 것이라고만 생각하는 우(愚)를 저질렀다. 하지만 힘은 강해서 힘이 아니라 부드러워서 힘인 것이다. 강(强)과 약(弱)의 조화였다. 권력자의 강한 힘도 백성의 약한 힘에서 비롯되는 것 아니던가. 또한 성공이란 강한 힘보다 실패란 약한 힘을 통해서 인간은 단단한 성장을 하는 것이다. 수많은 패배감이 오늘의 단단한 나를 만든 것처럼.

그러기에 나는 안다. 모든 것은 지나갈 것이다. 성공도 지나가고 실패도 지나가며 이 낭패감도 지나간다. 그리하여 이 실패를 통해 나는 한 뼘쯤 더 자랄 것이다. 아직도 나는 성장하고 있으니까. 또한 실패를 두려워하지 않는 힘과 실패를 받아들이는 힘은 서로 다른 것이다. 따라서 나는 봄비 맞는 새싹처럼 이 실패를 받아들여야만 한다. 차가 도착하자 나는 어린 손주를 번쩍 안아 내렸다. 발에 돌부리가 슬쩍 채였지만 그것도 자연스럽게 느껴졌다. 비는 여전히 내리고 있었다.

무미건조

나는 떡을 좋아한다. 떡을 좋아하면 미련하다고 한다. 그래서 내가 떡 좋아하는 걸 알게 되면 사람들은, 이 사람 정말 미련한 걸까, 하듯 힐끔거린다. 그러거나 말거나 애들 적부터 떡 좋아하던 버릇은 지금껏 여전하다. 고물떡, 매 맞은떡, 웃기떡, 백설기, 종류를 가리지 않고 떡이 좋아 밥을 제쳐 놓는다. 그 많고 많은 떡 중 내가 가장 좋아하는 것은 백설기다. 아무것도 첨가하지 않은, 오롯하게 깨끗한 뒷맛의 떡. 뻑뻑한 그것을 한입 베어, 우물거리며 침으로 녹여 씹다 보면 종래는 고소함까지 느껴지는 맛이 나는 좋다.

나는 또한 죽을 좋아한다. 앓기 잘해서 일 년이면 한 달쯤 학교를 결석하곤 하던 초등학교 시절, 열에 시달리다 깨어나 보면 어머니가 정성껏 쑤어 주신 흰죽이 머리맡에 놓여 있곤 했었다. 드나드는 사람 많고 형제가 많아 어머니 차지를 못 해 보던 내게, 그런 순간만이 유일하게 어머니를 느껴 볼 수 있는 시간이었다. 그래설까? 팥죽 콩죽 호박죽 묵물죽(혹은 동부죽이라고도 했다.)

등등, 수없이 많은 죽 가운데 나는 흰죽이 제일 좋다. 기름으로 쌀을 볶아 쑨 것은 느끼해서 싫고, 그냥 흰쌀을 불려 끓인 뒤 소금으로 간하고 참기름 한 방울에 깨소금을 얹거나, 양념 새우젓으로 맛을 낸 흰죽. 어머니 손맛으로 기억되는 이 흰죽은 자라고 나이가 들자, 역시 그 깨끗한 뒷맛이 좋아서 더욱 좋아하게 되었다.

생선 또한 양념 없이 그냥 구운 생선이 나는 좋다. 찌고, 굽고, 튀기고, 등등, 생선의 요리법이야 수없이 다양하지만, 그중 소금을 심심하게 뿌려 오븐에 구워내기만 하는, 간단하고 기본적인 방법으로 만든 것이 가장 좋다. 큰 수술 받고 누웠을 때, 언니는 한 달을 이렇게 옥돔을 구워 나를 섭생시키더니, 콧등에 크게 주름을 만들어 웃으며 말했다. 이 짐짐한 맛이 뭐가 그리 좋으냐?

감자도 마찬가지다. 여름이 되어 외갓집에 가면 나는 늘 감자를 먹겠다고 했다. 그러면 외할머니는 슬쩍 소금을 두른 솥에 갓 캔 감자와 옥수수를 함께 쪄서 한여름 내 점심으로 주셨다. 앞마당에서 몸을 구부리고 건천 아궁이에 불을 때며, 연기가 내면 눈물을 훔치시던 할머니와 닝닝거리며 날아다니는 파리를 쫓으려고 꼬리를 흔들며 쉬고 있던 소의 모습이 지금도 눈에 선하다. 그래, 여름 끝이 되면 외사촌이, 왜 서울내기 입맛에만 맞게 해 주느냐고, 골질을 부리기도 했다. 고향 둘째 큰댁엘 가면 큰어머니는 거기에 단호박을 더 얹으셨다. 여름날 사촌들과 평상에 걸터앉아 먹던 찐 감자 옥수수 그리고 단호박의 달콤했던 맛… 요즘 내 손으로 해 먹는 감자는 군감자다. 아무 첨가물 없이

오븐에 구운, 어떤 것도 섞지 않은 맛, 감자 그 자체의 맛이 나는
좋다.

그러니 고기 또한 그러하다. 그냥 갓 구워낸 소금구이,
스테이크도 소스 없이 육즙만 가득하게 구워 소금과 후추로만
맛을 낸 것이 좋다. 이때가 바로 고기 맛이 가장 잘 느껴질 때다.
닭도 백숙이 좋고, 식빵 베이글 또한 갓 구워낸 것을 맨으로 뜯어
먹는 것이 좋다.

이렇다 보니 모든 음식이 다 그렇다. 여러 가지 재료와 양념을
섞어 만들어낸 음식은 당장은 입에 감기나 뒷맛은 뭔가 농락당한
기분이 들어 개운치 않고, 자극적이거나 유혹적인 맛은
절제하기도 어려워 싫다.

그러나 이런 내 입맛과는 달리, 먹을거리에 관한 한, 오늘날
세상은 더 화려하고 더욱 치열해져 가고 있다. 심지어 국력 평가의
소프트 파워로 음식이 꼽힌다 함에랴.

몇 년 전 서울 방문을 마친 남편이 놀라움을 토로했다. 점심
식사를 초대한 친구가 그 점심을 먹기 위해 시간 반을 운전해
데려간 식당이 실상은 그리 맛깔스럽지도 않았다며, 먹는 일에
돈과 시간 투자하길 아까워하지 않는, 예전과 사뭇 달라진
친구들의 모습이 생소했다고 말이다.

하긴 달라진 것이 이뿐이랴. 어느 핸가 새해 벽두, 인터넷
사이트에 오색 떡국이 뜬 적 있다. 오색이란 단어에 끌려 클릭했던
나는 그러나 곧 실망하고 말았다. 시쳇말로 낚였다고나 할까.
그러지 않아도 느끼한 음식이 판치는 명절에 떡국마저 사골

국물로 끓이라니. 음식물 열량 섭취를 줄이려 과학까지 동원하는 요즘, 이건 미련하기까지 한 요리법 아닌가. 사골 국물에 사태나 양지로 고명까지 얹게 되면, 그건 건물로 치자면 옥상옥이 된다. 떡국 국물은 사태나 양지면 족하다. 심지어 멸치라도 괜찮다. 예전엔 멸치 국물에도 끓였으니까.

그 위에 더욱 기막힌 것은 떡국의 오색 고명이 파 김 계란 고기 당근이라고 소개되어 있던 점이다. 당근? 이건 또 웬 날벼락! 떡국의 붉은 고명은 실고추다. 그런데, 새초롬한 소녀같이 예민한 빛깔을 가진 실고추는 어디로 사라지고, 정신없이 칠떡거리며 돌아가는 화관무 같은 당근 빛깔이 대신 여기 들어앉아 있단 말인가. 그 변화에 울화가 치밀 만큼 속이 상했다.

60년대, 분식 장려로 요리 강습이 우후죽순으로 생겨났던 시절, 요리 강사들은 새로운 음식재료 소개에 열 올리며 순박한 주부들을 기죽였다. 또 주부들은 그들대로 기죽지 않기 위해, 경쟁적으로 음식재료들을 탐하기 시작했다. 그 결과가 실고추 대신 당근이더란 말인가?

변화는 이만이 아니다. 요즘은 맛집을 찾아다니는 것이 취미 활동 중 하나가 되었다. 전문 잡지도 발행된다. 한데 그 잡지는 더 좋은 사진을 위해 심지어 밥알 하나하나까지 에나멜 칠을 하여 화보를 완성한다고 한다. 가짜가 판치는 세상을 위해 이것마저 일조하고 있는 셈이랄까. 또한, 유능한 요리사는 고객의 감동을 가장 우선하기에, 원하는 색과 모양을 내느라 음식재료의 한

부분만 사용하기도 해서, 그 나머지를 아낌없이 다 버리기도 한다고 한다.

하지만 인간의 음식재료는 과거 생명이었던 것들이다. 그것들은 생명을 포기함으로써 자신의 생명을 인간에게 보시한다. 그러니 식재료의 낭비와 남용은 회향은 못 할망정 그들의 보시를 모독하는 것이나 아닌지. 인간들과 달리 동물의 세계엔 음식의 남용이 없다고 한다. 오직 인간만이 타 생명에 대한 겸손을 잃고 자신들의 허영을 만족하고자 집착한다. 이 점에 대해 음식재료를 낭비하는(?) 요리사 (아니 요즘은 유식하게 쉐프라고 해야 먹힌다.)들은 어떤 의견을 가지고 있을까 궁금하다.

예전에 쌀 한 톨 파 한 뿌리도 깔축없이 쓰며 귀하게 여기던 어머니, 그분은 설날 차례 떡국엔 꼭 편수를 쓰셨다. 만두의 네 귀가 딱 맞아야 격이 있다시며, 아무렇게나 둥글게 귀를 아물린 만두는 쓰지 않으셨다. 그러나 훗날 어머니가 살림을 놓으시고 집에서 해 먹는 만두 대신 시장에서 사오는 만두가 대세로 변한 뒤, 편수는 구경할 수 없게 되었다. 그래서 나는 설날이 되면, 파 마늘 백황지단 (白黃鷄蛋) 고기 김 실고추 깨 참기름 후추를 한데 버무려 백황적흑녹의 오색 고명을 만들어 떡국 위에 올리며, 이봐라, 색깔이 곱지? 소녀같이 미소를 띠시던 어머니를 그리워한다. 편리의 추구란 미명 아래 품격조차 돈으로 사고파는 오늘 속에 살며, 단순 질박하던 어머니 시대도 허허롭게 그리워한다.

하지만 어머니가 다시 돌아오실 수 없는 것처럼, 지나간 시간도 변화되어 가는 전통도 돌이킬 수 없다. 그러나 어느 경우일지라도 자아를 상실하지 않은 사람이 아름다운 것처럼, 전통이 변화는 되어 가더라도 변질만은 되지 말았으면 한다. 연전 어느 신문에서 읽은 한 프랑스 요리사의 인터뷰에서였다. 그는 고유의 기본에 충실해야 세계에 통하는 음식이 된다고, 퓨전화되어가는 한식의 섣부른 변화에 대해 아쉬워했다. 이는 우리에게 시사해 주는 바 크다.

어쨌거나 세태가 이쯤에 와 있으니 오늘날, 과거의 맛에 속하는 백설기는 어쩌면 조악한 맛이라 치부될지 모르겠다. 하지만 이는 예전 고사 지낼 때 시루떡 제일 위에 앉히던 떡이다. 또한 돌이나 백일에 아이의 장수와 미래를 축원하기 위해 삼신할미에게 바쳐지던 떡이기도 하다. 그것은 신에게 바쳐지는 정성의 정수였으며, 생명의 떡이었다. 가장 기본적인 맛이지만 인간의 근원이 담긴 음식이었다.

그러므로 짐짐하다거나 밍밍하다거나 무미건조하다고 누군가 내 취향을 낮춰 본다 해도 나는 이런 내 입맛을 바꿀 생각이 없다. 오히려 나아가 식도락의 으뜸은 무미건조의 세밀한 맛을 알아야 하는 거라고 주장한다면, 억지가 될까? 하지만 세상 만물의 기본이 되는 모성이 정작 가장 아름다운 것이듯, 기본적인 맛인 무미건조가 실상은 으뜸가는 맛이 아닐까 한다.

이십여 년 넘게 하는 타국살이 탓에 여러 갈래 문화의 소용돌이 속에 살고 있지만, 그러기에 이런 삶의 형태 또한 마다하지 않고 고수하겠다. 한 사람쯤 그러하다 해서 세상의 발전이 멈추는 것은 아닐 터. 어쨌거나 나는 별수 없이 떡 좋아하는 미련한 사람인가 보다.

미래의 어제

나뭇잎들이 서로 몸을 부딪는 성하(盛夏)의 뜰에서였다. 만일 재수(?)가 없어 백 살까지 살게 된다면? 에이! 설마 그런 불상사가 일어날라고. 하지만 누가 알아. '건강 백 세'를 내세우던 어느 제약 회사의 광고가 현실이 될지. 우연히 떠오른, 이 쓸데없는 공상(?)에 난감함이 앞을 막아섰다. 깨끗이 빈 나무가 돼야 할 연배에 엉성드뭇한 나뭇잎들을 달고 추적추적 내리는 겨울 찬비를 맞고 선 꼴은 면하고 싶고만. 허수해지는 마음에 적응해내야 할지도 모르는 미래를 짐짓 그려 본다.

어쨌거나 불상사(?)가 일어나 백 살까지 살게 된다면, 그건 아마 2050년 여름이렸다. 올해 태어난 손녀가 38살, 두 살배기 손자가 40살이 될 그때, 세상은 어떻게 변해 있을까? 지금 유비쿼터스의 미래를 말하고들 있는데, 혹시 그렇게 되어 있지 않을까. 유비쿼터스의 세상이라··· 언제 어디서나 어떤 기기로도 자유롭게 통신망에 접속해 다양한 자료를 주고받을 수 있다는 세상.

신문에서 읽었던, 미래에 대한 예측 기사가 문득 떠오른다. 그 시절쯤엔 모든 환경이 자동화되어, 잠을 자며 침대 온도를 조절할 수 있어, 더위와 추위에 시달리지 않게 될 것이다. 아침이면 모든 기계가 예약한 대로 작동되어, 커피 향기와 취향에 따른 음악 소리에 눈을 뜨게 되고, 음식은 먹어 주기만을 기다리고 있다. 또한, 출근 준비하며, 웹 특파원이 전국 또는 세계 사건을 선정 요약하여 뉴스로 만들어 보내준 그 날의 주요 기사를 훑어 보는 동안, 컴퓨터는 날씨 예보를 읽어 입을 옷을 선정해 목록을 보여 준다. 퇴근 후의 여가 시간을 어떻게 보낼 것인가도 목록으로 보여 준다. 만일 영화나 연극을 보고 샤핑을 하러 간다면 취향과 소비 패턴을 분석하여 그 예매까지도 완료해 준다.

이 모든 일은 손목에 차고 있는 손목시계 하나로 해결된다. 그리고 손목시계가 해낼 수 없는 나머지 것들은 전부 로봇이 대신해 준다. 노동으로부터의 해방이다. 기다림이 필요 없다. 일상 속에 주저하고 망설일 일은 하나도 없다. 선택하고 즐기는 생활만이 주욱 앞길을 밝히고 있다.

이것만이 아니다. 무소불위의 과학은 인공 태양을 만들어내, 필요한 때 언제든 사용할 수 있어, 기후 변화가 주는 영향을 전혀 느낄 필요가 없다. 그 결과 신개념 주거 문화의 절정이 이루어져 사회 전반에 걸쳐 변화가 일어난 나머지, 늘 쾌적한 공간에서 생활하는 인간은 행복만을 누린다.

세계의 모든 나라는 교류가 더욱 활발해져 국가의 이름도 존재만 할 뿐, 민족의 개념은 희박하여 대부분 혼혈인이 된다.

탁구 선수 자오즈민과 안재형의 결혼은 '전설 따라 삼천리'에 나오는 얘기다. 또 운전할 필요가 없는 차가 등장하여 운전 면허증도 필요 없다. 무엇이든 손목시계로 원격 조정이 가능해 물건을 사러 외출할 일도 드물다. 출근을 위해 구태여 길을 나설 필요도 없다. 인터넷이 가능한 곳이면 그곳이 바로 업무가 시작되는 곳이니 출근길 교통 전쟁 또한 전설이 될 것이다. 그리고 줄기세포 연구 결과로 백 세의 청년(?)들이 활보한다. 우주여행은 기본이다.

그렇다면 그들은 생(生)이 건듯 부는 바람에도 떨어져 명(命)이 다하는 나뭇잎 같다는 걸 알 수 있을까? 주저함이 사라진 사회, 시시포스가 왔다가 울고 갈 세상, 소위 유토피아 안에서 살면서?

하지만 반대급부의 디스토피아 현상은 없을까? 지독한 자유 속에서 그에 상응하는 새로운 사회 질서가 생겨날 터인데. 우선, 만능의 로봇이 섹스 상대도 가능하다면 결혼은 필수가 아닌 선택이 되겠지. 이로 해서 출산율이 감소되면 인구가 줄겠네. 그러나 현재의 노년 인구는 그대로 유지될 터이니 노동력은 감소하고 노인 부양 부담비는 2명당 1명꼴로 돌아가 부양자들은 스트레스 께나 받겠구먼. 게다 자동화된 사회 설비로 일자리가 줄어들 것이니, 직업 찾기도 만만치 않겠네. 그러면 소득 격차로 교육 격차가 더욱 늘어나 평등이 유지되기 어려워, 이도 또한 스트레스겠지.

이뿐일까. 편리한 생활을 위해 자원을 더 많이 소비한 탓으로 자연환경이 파괴되지만, 인공 자연으로 대체한 뒤, 원인을 깨달지도 못한 채 새로운 '실낙원'을 찾아 헤매게 되지는 않을까? 또 기계가 알아서 다 해결해 주는 환경에서 살다 보니, 인간들끼리의 접촉이 줄어, 나 홀로 가구가 증가하여 인간관계가 무너졌음에도, 단절에 익숙해진 나머지, 그걸 정상이라 생각하며 살게 되진 않을까? 또한 기계들이 처리해 주는, 익숙하고 행복한(?) 일상에 길들어 삶의 주도권을 기계에 빼앗기게 되진 않을까? 기다림이 없기에 그리움도 알지 못하는 사회, 신체와 머리통의 구조만 커지고 정신은 허약해진 인간들이 회색의 정서를 갖고 사는 사회, 그래서 정신 치료사 중에 비애 치료사와 고뇌 치료사가 가장 각광받는 직업이 되진 않을는지. 그 외 인기 직업은 로봇 디자이너, 로봇 프로그래머, 로봇 수리 전문가, 로봇 상담 전문가, 로봇 처리 전문가 따위의 로봇 관련 직종이 되지 않는다는 보장도 없겠지. 오늘날, 자동차 관련 업소를 이용하지 않고는 살 수 없는 것처럼.

하지만 빛과 그늘을 갖는 이 모든 상황이 나와 같은 기계치(?)들에겐 전혀 상관없는 일이 될지도 몰라. 문명의 이기를 사용하지 못하는 이들에겐 이제나 그제나 그저 그림의 떡과 같은 세상일 터이니. 지금부터 40여 년 전이면 내 젊음의 전성기였던 1970년대인데, 컴퓨터는 그 시대엔 그저 소문으로만 무성하게 듣던 신묘한 기계에 불과했지. 그러나 기계를 넘어 미디어로 진화한 지금, 그것은 일상을 완전히 지배하고 있어. 컴퓨터를 다룰 줄 모르는 계층은 지금도 소외 계층이야.

그러니 40년 뒤, 유비쿼터스의 세상이 와도, 문명의 이기를 작동시킬 능력이 없는 이들은 소수자 집단으로 전락, 필경은 소외 계층이 되어 찬 바람 속을 서성이고 있게 되겠지. 1934년 한국, 대구 북성동에 있는 백화점에 에스컬레이터가 처음 설치되었을 때, 신발을 벗고 그것을 타며 벌벌 떨던 노인들처럼. 미래의 시간 속에서 어제의 인물이 되어 이처럼 살고 있게 된다면, 그 놀라운 변화가 나와 무슨 상관이며 무슨 대수인가.

나뭇잎들을 데려가기 위해 달려온 바람 속에 서서 나는 잔뜩 몸을 웅크려, 대항하듯 온몸에 힘을 줬다. 원왕생(願往生)을 부르며 알맞춤으로 살다 가게 해 달라고 빌던지, 능력을 키우던지, 아무튼 뭔가 하지 않으면 안 되는 앞날이구나. 그냥 무료하게 일상에 함몰되어 나태함을 즐길 행복은 아예 없는 거구나. 만일 백 살까지 살 불상사에 대처하는 자세를 정하지 않는다면, 정말 재수 없게 마지막을 마감하는 재앙이(?) 다가올지도 몰라. 지고 나면 무(無)라 해도 존재하는 한은 존재의 위엄을 보여야 하는 게 인간이렷다. '배꽃 가지 반쯤 가리고 가는 달'도 없는 희끄무레한 하늘을 올려다보며 나는 쓴웃음을 지었다. 비록 기우(杞憂)라 해도 정신 번쩍 날 일 아닌가. 그때 '홀연히 허공에서' 바람 따라 길 나선 나뭇잎들이 '먼저 간다고 외치며 앞서 날아갔다'.

찰나

시내에 약속이 있어서 나갔던 길이었다. 버스 정거장에 서서 길 맞은 편을 건너다보았다. 영보 빌딩 머리에 마지막 햇살이 한 줄기 섬광처럼 반사되어 부서지고 있었다. 곧 긴 어둠이 내리리라.

"외숙모!"

그때 증산동행 버스가 왔기에 그쪽으로 몸을 돌린 찰나, 뒤쪽에서 귀 익은 목소리가 날아왔다. 조카딸 혜령이었다. 한집에 살긴 하지만 한 달이면 보름을 비행 나가고 없는 조카였기에 나는 급히 달려온 그 애의 손을 반갑게 잡았다. 그리고 버스에 올라, 우리는 숙질(叔姪) 사이라기보단 언니와 동생처럼 수다를 떨었다. 엄마가 반대해서 결혼을 망설이고 있는 남자 친구에 대해 그 애는 할 말이 많아 보였다. 나는 그 애의 하소연을 진지하게 들어 주었다.

집에 돌아오자 고모와 놀고 있던 아들아이가 와락 달겨들었다.

"엄마! 빵 사온댔잖아."

고려당 빵을 좋아하는 아들에게 한 약속이 생각나 가방을 열고 손을 넣었다. 한데 손이 쑥 밖으로 나왔다. 가방 안으로 넣은 손이 가방 밖으로 나오다니. 너무 황당한 나머지 나는 비명을 올렸다.

"이게 왜 이래! 왜 손이 밖으로 나오지?"

시누님과 혜령이가 허공에서 흔들리는 내 손을 들여다보았다.

"여기, 가방이 찢겼잖아"

가방을 살펴보던 시누님이 황망하게 소리치셨다. 관심을 갖고 차근히 보니 과연 뭔가, 칼로 길게 벤 흔적이 있었다. 예리한 칼로 순식간에 그어 버린 흔적. 거기에 손이 들어가 힘을 가한 탓에 그 흔적이 입을 쩍 벌려 손이 바깥으로 나갔던 것이다.

너무 갑작스러운 사태라 믿어지지가 않았다. 도대체 어찌 된 일이람.

"외숙모! 이건 소매치기 짓이야."

혜령이가 흥분해서 단정적으로 말했다. 돌이켜 생각해 보자 종로 2가 버스 정류장에서 그 애를 만나던 순간, 옆에 서 있던 키 큰 남자의 검은 실루엣이 떠올랐다. 순식간에 상황이 정리되었다. 그러니까 그 검은 실루엣이 가방을 칼로 긋고 물건을 꺼내려던 찰나, 혜령이가 날 불렀고, 곧 우리는 손을 잡고 버스에 올랐기에, 그는 목적을 달성하지 못한 것이었구나. 깨닫는 순간 머리끝이 쭈뼛해지며 진땀이 쫙 흘렀다. 또 방심해서 당했구나!

"사람 안 다친 게 다행이지. 오늘 자네 운 뻤었네. 그깟 가방이야 더 좋은 것으로 사면 되잖아."

넋 나간 듯 정신없이 앉아 있는 나를 시누님이 위로해 주셨다.

그러나 나는 그 몇 년 전에도 가방을 찢기고 물건을 도난당한 적이 있어서, 그 후유증이 얼마나 오래가는지 잘 알고 있었다. 금품이야 차치하고라도, 주민 등록증이며 그 외 서류들, 그리고 전화번호들. 유난히 숫자에 약해 전화번호를 못 외우는 나는 전화번호 수첩이 없으면 외국에 있던 남편과의 통화도 불가능한 사람이었다. 그때는 전화 고지서에 전화 통화 내역이 기록되어 나오지 않던 시절이었다.

그러니 수첩을 분실한 순간 모든 생활이 멈췄을밖에. 생활이 다시 정상으로 복구되는 데는 몇 달이 넘게 걸렸다. 그리고 그 기간은 조심하지 않은 자신에 대한 자책과 자괴감으로 부끄러운 후회의 어두운 나날이기도 했다.

그뿐 아니었다. 대학 시절이었다. 학보사에서 일하며 지방 취재 명을 받은 적이 있었다. 학보 창간 이래 최초란 이 획기적 사건에 발탁된 나와 사진기자를 동료와 선배들이 더 흥분해서 부러워했다. 그래서 더욱 사명감을(?) 느끼며 나선 취재 여행에서였다.

대구에서 이상화 시비를 취재하고 경주의 목월 시비로 가기 위해 터미널에 가서 버스에 승차한 뒤 출발을 기다리고 있던 찰나였다. 어, 저 가방! 학생들 것 아냐? 누군가 부르짖었다. 뒤돌아보니 선반에 얹어 두었던 가방을 어느 남자가 꺼내 들고 이미 버스 밖으로 나가 저만치 뛰어가고 있는 중이었다. 눈앞이 노래져 그를 쫓아갔지만 터미널은 시장과 연결되어 있었다. 우리는 터미널 건물 유리에 무심히 부서지는 섬광 같은 아침 햇살이 지켜보는 가운데, 경찰서로 향하는 수밖에 없었다.

가방 속에는 학장 부속실을 설득해 겨우 타낸 취재비 여비, 그리고 무엇보다도 취재 수첩이 들어 있었다. 그리고 손엔 가진 게 아무것도 없었다. 취재 떠나기 전 주간이 소개해줘 인사를 나누었던, 계명대 학보사의 기자들이 아니었으면 우리는 잠자리 버스비도 없어 집에 돌아올 수도 없었을 것이다. 돌아온 후 나는 머릿속의 기억을 쥐어짜 궁색하게나마 기사를 해결하긴 했다.

해결이 안 됐던 건 실물감(失物感)이었다. 거기에서 벗어나는데 일 년 너머 걸렸다. 길을 걷다가도 문득, 내가 정말 존재는 하고 있는 걸까? 내 몸을 어디에 유기한 건 아닐까? 이런 실물감은 무엇과도 비교할 수 없는 허탈함을 불러왔다. 아예 자아가 지워지고 없는 것 같았다. 꼭 자신을 장례 지내고 돌아온 느낌이었다고나 할까. 그 날 아침 버스 터미널 건물 유리에 아침 햇살이 부서진 건 찰나였지만 그 어두운 그림자는 이처럼 오래갔다.

손주가 갖고 노는 장난감 거울에 지는 겨울 해가 한 줄기 섬광을 마지막으로 그리며 부서지고 있다. 그 한 줄기 섬광에서, 지금 생각해도 차고 넘치는 후회스러운 옛날과 맞닥뜨린 나는 가볍게 몸서리쳤다. 실수는 비록 찰나에 일어나는 일이지만 그 결과는 후회라는 긴 흔적의 어두운 그림자를 드리우며 무섭도록 오래간다. 볼로냐 꽁지를 아끼겠다고, 조심하며 슬라이스를 하고 있던 찰나, 슬라이스 머신 속으로 걷잡을 수 없이 빨려 들어가던 중지(中指). 그 중지가 정상으로 회복되는데도 십 여년의 세월이 흘렀다. 만일 아주 손마디가 잘려나갔다면 어쩔 뻔했나. 그러길래 찰나는 일 초,

이 초, 아니 그보다 더 짧아, 수치로 나타낼 수 없는 순간일지 모르지만 그 질량은 우주보다 더 무겁다.

가장 짧지만 가장 긴 시간인 찰나. 삶을 바꾸고 지배하는 찰나. 찰나에, 후회란 날카로운 비수가 번쩍 빛을 발하며 다시 가슴을 베고 지나간다. 그래서 손주의 무심한 놀이를 지켜보며 나는 속으로 머리를 저었다. 찰나에 의해 결정되기도 하는 삶. 그래서 삶은 두렵기만 하다고.

봄날은 간다

"연분홍 치마가 봄바아람에 휘날리이더라. 오늘도 옷고름 씹어 삼키며 산제비 넘나드는 성황당 길에 꽃이 피이면 같이 웃고 꽃이 지이면 같이 울던 알뜨을한 그 맹세에에~"

"거기! 노래 부르는 놈, 누구야! 당장 이리 못 내려와!"

어두운 밤, 허공에 대고 잘 넘어가던 노래 대목이 거기서 뚝 끊길 수밖에 없었다. 우리는 몸을 웅크리고 창 밑으로 주저앉았다. 가슴이 두근두근, 숨도 쉴 수가 없었다. 삼 층 문예실에서 도서관 건물의 거리가 가깝다는 걸 깜빡했구나. 잠시 뒤 슬리퍼 끄는 소리가 복도에 울리고 문이 열렸다.

"다 이리 나와!"

우리는 무더기로 도서관으로 끌려(?)갔다. 책 읽고 있던 학생들이 책 밑으로 슬금슬금 우리를 훔쳐 보았다.

"학교에서 그따위 노랠 부르는 놈들이 어딨어! 여기가 술집이야? 한복 입고 술집으로 갈래? "

도서관 담당 이문규 선생님은 무지막지하게(?) 노발대발, 열변(?)을 토하셨다. 그러지 않아도 작은 키의 우리는 쪼그라들 데로 쪼그라들어 몸을 움츠렸다. 몸이 녹아서 바닥으로 흘러 스며들어 없어졌으면 하는 몸짓들. 하지만 정작 노래 부른 나는 머리가 별로 숙어지지가 않았다.

<봄날은 간다>, 이건 시집간 언니가 좋아하고 잘 부르던 노래였다. 언니가 보고 싶을 때면 나는 곧잘 이 노래를 콧노래로 흥얼거렸다. 그 외 <장한몽>, '이 풍진 세상을~'도 언니가 자주 불렀던 노래였다. 그래서 내가 이런 애창곡(?)을 갖고 있단 사실을 의외로 여기던 친구들이 한 번 듣기를 원했다. 그 날은 마침 교지를 만드느라 늦게까지 문예실에 남아 있던 날이었다. 맨날 심각한 얼굴로 인간의 위기를 고민, 걱정하던 친구가 '연분홍 치마가~'를 부른다니 얼마나 흥미진진했겠는가. 나는 창문을 열고 속에 있는 그리움을 토해내듯 허공에 소리쳐 노래 불렀다. 가슴으로 스미는 이 가사들 정말 좋다! 한데 술집 노래라니. 그리고 우리가 천박하다고? 동의할 수 없어!

문예반 반장 권경자가 늦은 시간까지 왜 학교에 남아 있게 되었나를 더듬더듬 설명하자, 선생님은 우리 머리를 한 대씩 쥐어박으셨다.

"책을 읽어야 할 놈들이 그 시간에 노닥거리며 술집 노래나 부르다니! 너희는 여고생이야!"

그래도 선생님은 거기에서 꾸중을 멈추셨다. 올챙이 문사(?)들의 자존심을 아주 뭉개고 싶으신 의사는 없으셨나 보았다.

가도 좋다는 선생님의 신호에 우리는 우당탕 뛰었다. 국사 선생님! 이것도 역사로 남을 일이겠죠? 이건 쓸데없는 억압, 모독이라고 요. 나는 속으로 꿍얼거렸다.

　서울 근교의 중학생이 자살을 했단다. 동기는 오전 7시 집을 나서 다음 날 오전 0시 30분에 귀가하는 학교생활에 대한 압박감을 이기지 못해서라고 했다. 고교생들의 생활시를 모은 <버림받은 성적표>에 보면 수업시간 풍경은 이렇게 묘사되고 있다.

　"종이 울린다./~/문은 닫히고 더 이상 자유는 용서받지 못한다./~/죄수 명단을 들고 교관이 들어와 인원수를 체크한다./ 압박감에 시달려 탈옥을 체념한 체/ 허리를 굽히고 눈을 감으며/ 엎드리는 죄수는 늘어만 간다./ 종이 울린다./~/ 문은 열리고/ 그러나 자유여야 할 문 밖은 온통 학원 차뿐/ 또 다른 감옥으로 옮겨가는 종소리일 뿐이다.('야,자'라는 구속 영장)

　또 다른 글에선 뒷자리에서 수업하는 친구들을 보면 등만 있고 목이 없다고, 그 고단함을 한탄하고 있다. 존재의 상실마저 느껴져 섬뜩하기만 하다. 또, 예전엔 수학 문제는 풀어보고 매겨 보는 것이었는데, 요즘은 한 문제 한 문제가 자신의 미래와 연결된 고리 같아 답답해서 미치겠다는 글도 있다. 신문에서 이런 기사를 읽는 날이면 내 가슴조차 답답해서 미치겠다(?).

60년대에 느꼈던 억압의 교육 현장은 나아지기는커녕, 더욱 악화 된 나머지 퇴행하여 학생들의 숨통을 끊어 놓고 있는 것처럼 보인다. 자살하는 학생들의 신문 기사를 툭하면 읽을 수 있는 오늘날, 이쯤 되면 60년대에 내가 느꼈던 억압은 차라리 낭만적이었다고나 할까. 그 시절, 7교시 수업도 많고 교과서 내용도 많아서 반으로 줄이면 더욱 교육의 효과를 올리겠다고 생각하며 혼자 분노하고 혼자 저항하곤 했는데, 이젠 7교시 수업은 오히려 애교(?)라니 할 말을 잃는다. 늘어난 학교 수업 시간도 모자라, 하루에 학원도 몇 군데 돌아야 한다는 그들. 이게 사람으로 사는 일이라고 할 수 있나. 개인적으로 쓸 수 있는 시간이 전혀 없다는 현실이 너무도 참담하다.

교육을 받는 이유는 인간다운 품성과 품위를 지키기 위해서다. 이 간단 명료한(?) 교육 목적을 이루기 위해 그토록 많은 시간을 투자하고 자유를 반납해야만 하는 걸까. 시간 운용하는 방법을 배우고, 자유의 가치를 체험으로 받아들여 미래를 준비해야 할 바로 그 나이에 교과서 속의 그 많은 지식들이 무슨 소용에 닿는단 말인가. /박제화가 된 훗날 그 많은 지식이 무슨 도움이 된단 말인가.

누가 교육을 이렇게 내몰고 있나. 다 너희를 위해서 하는 일이라고 하는 사람들, 대체 그들은 누구인가? 시장 원리에 의해 왜곡되는 것인지, 부모의 허영(?)에 의해 굴절되는 것인지, 둘 다인지 가늠이 안 된다. 교육 수혜자 본인들이 원하는 현상이 아니라는 것만이 분명할 뿐이다.

인간의 품성을 계도하는 게 아니라 거지풀빵(?) 찍어내듯 하는 교육 현실, 또 이를 선도하기는커녕 이끌려 가며 같이 춤추는 정치도 한심하긴 마찬가지다. 미래에 대한 부담감만으로도 억압을 느낀 나머지 휘청거리는 그 힘든 나이에 물리적으로도 그리 많은 짐을 지우고 있으니, 누군가 이 미친 판을 멈추도록 해야 한다. 누가 이 일을 해낼 수 있을까? 수요자 부담 원칙에 따라 학생 자신들이 혁명(?)의 대열에 나서야 할까? 자유를 갈구하는 프랑스 혁명이 시민들의 피에 의해 완성된 것처럼? 만일 그런 결과가 온다면 너무도 비참한 현실이 될 것이다.

그제나 이제나 한국의 학생들은 봄 같지도 않은 봄 속에 사는 특별한 집단이다. 황사가 잔뜩 낀 봄날, 유리창을 말갛게 닦아 자화상을 그리려는 슬픈 아이들이다. 그러기에 <봄날은 간다>는 애수 어린 시정(詩情)으로 노래한 백설희도 좋고, 내지르기의 한영애도 좋지만, 한과 애수를 겪으며 내지르는 장사익이 나는 더욱 좋다. 그 시절 내가 허공에 대고 질렀던 것은 미래에 대한 그리움과 억압이란 이율배반의 혼동에서 놓여나기 위해 쏟아 놓은 비명이었을 것이니까.

새틋한 봄

　장에 갔던 며느리가 돌나물을 사왔다. 의외였다. 한국 떠난 지가 언젠데, 어떻게 이 나물을 알지? 물어보니 뭔진 모르지만, 어머니 믿고 샀단다. 며느리 대답만큼 신선한 돌나물을 체에 넣어 얼른 물에 씻었다. 그리고 초고추장에 섞어 젓가락으로 살살 버무리며 돌아가신 친정어머니를 생각했다. 　김장 독이 패이고 나른한 날씨가 되면 어김없이 돌나물로 김치를 담으시던 분. 그때 쯤이면 어머니는 늘 입버릇처럼 말씀하셨다. 새뜻한 거 뭐 없을까? 봄옷 한 벌 새뜻한 놈으루다 해 입었으면 좋으련만. 파르스름한 거면 좋겠지? 하지만 말씀만 그러셨지 정작은 딸 많은 죄(?)로 뜻을 이루시는 경우는 드물었다.

　다시 봄이다. 나이 든 뒤, 왠지 봄이 되면 어머니가 자주 생각난다. 봄을 새뜻하게 지내고 싶어하셨던 그분과 달리, 젊은 시절 봄을 어둡게(?) 보낸 탓일까. 대학 시절 어느 봄날, 다음 수업을 들을 강의실을 찾아, 새순이 돋아나는 양지쪽을 걸어갈 때 친구 추명희가 물었다. 지금 뭐하고 싶니? 죽고 싶어. 선뜻 내뱉는 대답에 친구 눈이 동그래졌다. 하지만 그다음 순간 절대 동감이란 얼굴로 눈을 껌뻑였다. 만물은 새로운 생명을 위해 하루가 다르게 눈부셔 가는데, 게으른 육신과 영혼은 자연의 그 약동에 적응은커녕, 아직도 누더기 같은 미망(迷妄)을 덮고 있으니 절망을 넘어 그저 죽고 싶을 뿐이었다. 그 시절 우리는 그런 면에서 서로의 마음을 잘 읽었다.

그 후로도 생명을 앓아야만 하는 봄의 환경에 적응을 잘 해내지 못한 건 마찬가지였다. 봄이 되면 두통도 심해졌고 짜증도 늘었다. 충돌하는 자아에 좌절을 느낀 나머지 눈물이 흐르기도 했다. 그래서 나는 지금도 분홍색이 못마땅하다. 가을의 끄트머리, 사라져가는 계절을 놓칠까, 불면의 밤을 보냈듯, 봄이 되어 새로운 계절을 맞는 것이 아직도 어쩐지 버성기다.

그래서 어찌해야 어머니처럼 새뜻하게 봄을 맞이하는 경지(?)를 이룰 수 있게 될까, 고민하게 된다. 옛사람들은 꽃샘바람 속에서도 입춘대길을 써서 붙이고 봄맞이를 했다. 꽃망울이 지면 꽃놀이 갈 준비를 했다. 꽃이 화사하면 꽃잎으로 화전 부칠 준비를 했다. 이처럼 매사 보내고 맞이하는데는 준비가 필요하다. 한데 준비도 없이 봄을 맞으려 했으니, 해마다 어쩔 줄 몰라하며, 헌 옷 같은 육신을 입고 괴로움에 빠진 건 당연한 일일지도 모르겠다. 이제야 겨우 인생의 틈을 비집고 들여다보며, 뭔가 알아 가는 중이니, 이처럼 늦된 영혼이 어찌 해마다 봄을 산뜻하게 맞이할 수 있었겠나.

비로소 겨우 알아가는 자연의 질서. 이 나이엔 어떻게 해야 '새뜻한 봄'을 가질 수 있을까. 새뜻하단 말은 새롭고 산뜻하다는 말이다. 새롭다는 것은 신선(新鮮)하다는 뜻. 신(新)! 이것은 도끼斤로 나무木를 자른 뒤 그 잘라진辛 자리에서 돋아난 싹이 새롭다는 뜻이다. 그러므로 새롭기 위해선 뭔가 잘라내야 한다. 즉 바꿔야 하는 것이다. 겨우내 지녔던 타성, 낡음-습관상 늘어놓았던 집안의 어수선함, 무거워진 옷들, 올라가는 기온에 적응하지 못하는 입맛, 등등 주변의 털어내고 바꿔야 할 것들은 많다.

예전에 통반장들이 '춘계 대청소' 계몽하던 기억이 떠오른다. 아하! 그게 그런 의미도 되는 것이었군. 슬며시 미소가 떠오른다. 겨울의 무겁고 낡은 외투를 벗어야 산뜻한 봄 코트로 갈아입을 수 있는 것처럼 마음도 털고 쓸고 닦고, 집도 훤하게 청소를 해서 준비를 마쳐야 할 것이다.

그리고 봄옷으로 갈아입자. 상품 광고에 흔히 쓰이는 광고 문안 중 '봄은 여인의 옷깃으로 온다.'를 본 적이 있다. 거기엔 분홍색의 하늘거리는 원피스가 바탕 그래픽으로 움직이고 있었다. 그러나 분홍색을 싫어하니 '파르스름하고 새뜻한' 한 벌로 준비를 끝내면 어떨까.

그런 뒤 먹을거리를 찾아보자. 봄 먹을거리엔 나물 이상 가는 게 없다. 백석 연곡리 외가나 도봉산자락 친가나 그 시절엔 다 시골이긴 마찬가지여서 집에 드나드는 친척들은 늘 봄이면 산나물을 가져왔다. 그러므로 내게 봄은 늘 산나물로 시작되었다.

원추리, 취나물, 꽃다지, 두릅, 돌나물, 할미꽃, 등등. 달래 냉이도 좋고 씀바귀는 또 어떠한가. 쌉쌀 씁쓸하지만 언제나 개운한 뒷맛을 남기던, 머릿속까지 개운하게 만들어 주던 나물들.

그러나 그곳을 떠난 지 이십 년이 넘었다. 산나물은 언제나 머릿속에만 들어있는 먹을거리였고 손 뻗어 가질 수 없었다. 물론 한국 식품을 취급하는 상점에 가면, 보기는 한다. 그러나 그게 늘 있는 것은 아니어서 행운이 있어야만 만날 수 있는 물건들이다. 오늘처럼 말이다.

저녁 언제 먹느냐는 아들의 채근에 서둘러 상을 차리고 앉았다. 그리고 외할머니 돌나물 얘기를 했다. 아이들이 웃는다. 비슷한 얘기 또 하시네, 하는 얼굴들. 너희도 살아 봐. 나도 그런 얼굴로 아이들을 바라보며 웃었다. 가슴 한구석 슬쩍 차오르는 울컥함, 다시 생각이 몰려온다.

집치레, 옷치레, 입치레로만 봄을 맞을 수만 있다면야 그토록 춘통(春痛)(?)을 앓진 않았겠지. 온전한 봄을 맞기 위해선 몸치레 영혼치레도 필요하다. 운동이라도 해서 지난겨울 끼어든 군살을 털어야 한다. 그래야 머릿속에 긴 군살도 빠져, 영혼이 세척되고 정신의 회전 속도가 빨라질 것이다. 이것이 바로 봄의 새뜻함이 아닐까. 그렇다면 영혼의 회전 속도를 늘리기 위해선 양분을 주어야 한다. 아마 그것은 독서가 되겠지. 음악도 좋을 것이고 그림 감상도 좋을 것이다. 모차르트를 듣고 세잔의 그림을 완상할까? 바흐와 샤갈은 어떨까? 봄의 생기를 느끼기 위해 하는 궁리가 좀 길다. 그렇다면 김화영의 서문이 본문보다 더 거창한(?) 장 그르니에의 <섬>을 다시 읽어도 좋을 것이다.

이리 생각을 굴리다 보니 어머니에게 한 가지 궁금한 것이 있다. 어머니는 새뜻하단 말을 늘 새틋하다고 발음하셨다. '생뚱맞다'도 늘 '새퉁맞다'고 발음하셨다. 어려선 이런 말을 들을 때마다 왜 표준어가 아닌 발음을 하실까, 좀 불만스러웠다. 나중에 국어 선생질(?)할 팔자가 미리 정해졌던 것일까, 난 부모님의 입말들이 못마땅했다. 하지만 이제 그 시절 어머니 연배가 되고 보니, 나 또한 그렇게 발음하고 있는 자신을 발견하게 된다. 새뜻하단 말은 새롭고 산뜻하단 뜻뿐이지만, '새틋하다'란 말은 왠지 새롭고 산뜻하고 애틋하단 뜻으로 느껴져 느낌이 더 깊어지는 것 같아 가슴을 찌른다. 생명은 슬픔으로 받아들여지는 것인가. 애잔한 그 말의 느낌이 나는 좋다.

새큼한 돌나물 젓갈을 입에 넣으며 문득 나는 아들을 바라보았다. 나는 돌나물에서 어머니를 보는데 이 아인 이다음 봄이 되면 무엇으로 나를 기억하게 될까? '새틋함'의 경지(?)는 못 되어도 뭔가 산뜻한 것이면 좋겠다. 어쩐지 돌나물에 눈물이 한 방울 어리는 것만 같은 저녁이었다.

부모은중경

<Please Look After Mom> 미국 책 여행, 첫 저자 서명회에
다녀왔다. 외국인보단 역시 한국인들이 독자로 우세했다. 질문도
한국인들이 독차지했다. 답변에서 저자는 말했다. 엄마는 엄마로
태어나는 줄 알았다. 엄마에게도 처음으로 엄마란 말을 배우던
시간이 있었고, 앙증맞은 신발을 신던 시간이 있었을 것을. 그리고
소녀 시절 찾아온 감성이 평생 내면에 내재하고 있단 사실을
깨닫는 순간 이 작품을 쓰게 되었다. 강한 엄마, 소녀 같은 감성을
가진 엄마, 여린 엄마, 가족에게 모든 것을 다 내어준 엄마, 엄마의
다양한 모습을 그리고 싶었다, 라고.

돌아오며 어머니를 생각했다. 그러며 운전하고 있는 아들의
뒤통수를 바라보았다. 이 늙은 엄마가 돌아가신 지 16년이나 되는
외할머니와 아직도 함께 살고 있다는 걸 저 애는 알까? 돌아가신
어머니와 함께 살고 있다는 것은 아무도 모르는 비밀이다. 남편도.
입 밖에 내어 말해 본 적이 없으니까.

25년을 산 부르클린 집에서 시애틀로 이사 오던 4일 전이었다. 터가 발동을 했나? 무서운 악몽을 꾸었다. 설명할 수도 없는 공포. 깨고 나자 가슴이 떨려 정신이 산란했다. 다음 날 다시 잠들기도 무서웠다. 그러나 안 자고는 배기지 못하니 결국 또 흉몽을 꾸었다. 살고 있던 집에 대한 정이 백 리는 도망가게 무서운 꿈이었다. 사흘 되는 저녁엔 미리 공포에 질려 겨우 잠자리에 들었다.

한데 놀랍게도 어머니가 찾아오셨다. 회색 옷을 입으신 어머니는 잠자코 길을 앞장 서셨다. 숭덕초교가 있는 정릉 천변으로 짐작되는 길이었다. 어머니 팔을 잡고 싶었으나 어머니는 용케 피하며 길을 가셨다. 그리고 작은 다리께 오자 몸을 돌려, 팔을 들어 다리를 건너가라는 시늉을 하셨다. 아무리 어머니를 잡으려 애써도 어머니는 잡히지 않았다. 무표정한 얼굴로 다리 건너만 가리키셨다. 안타까운 얼굴로 나는 다리로 접어들었다. 돌아보니 어머니는 그 길 끝의 회색 공간으로 계속 혼자 걸어 가고 계셨다. 엄마ㅡ! 흐느끼듯 부르짖으며 나는 눈을 떴다. 지켜 주고 계신 어머니의 존재를 미처 모르다니. 온 힘을 다해 악귀를 물리쳤을 어머니에게 감동을 느끼며, 이사하던 마지막 날 밤, 어머니 품속에서 기분 좋게 푹 잘 수 있었다.

이사하던 다음 해 섣달그믐 밤 아들 내외가 다퉜다. 젊은 부부는 언쟁을 통해 서로 익혀 가는 것. 자연스러운 과정이다. 하긴 늙은 우리도 지금껏 싸우잖나. 심상하게 생각하고 잠자리에 들었으나 솔직히 마음은 편치 않았다.

그 밤에 어머니가 또 찾아오셨다. 어머니는 집에 도둑이 들었다며 집안을 휘둘러 보시더니, 부엌 싱크대 밑에서 시커먼 장정 둘을 꺼내 죽이셨다. 어디에서 나온 힘일까. 그리고 창문 밖으로 시체 둘을 끌고 나가셨다.

새해 아침, 눈을 뜨며 나는 확실히 알게 되었다. 어머니는 늘 나와 함께 계시구나. 지켜 보고 계시다 자식이 어려움을 겪으면 대신 수고하시는구나. 어머니 생전, 난 한 번도 엄마 차지를 못 해 봤어, 늘 푸념하던 둘째 딸이 마음에 걸려, 다 내어주고 이승을 떠난 후론 둘째 딸과 함께 기거하고 계시는구나. 나는 행복한 마음으로 조상 차례를 준비하며, 혹시 차례상 주변 어딘가 사돈들 속에 어머니가 섞여 계시지 않을까 두리번거렸다. 이렇게 해서, 매일 대화하며 어머니는 나와 함께 살고 계시게 되었다.

부모은중경에서 말하는 은혜는 열 가지다. 잉태하여 주신 은혜. 해산할 때 수고하신 은혜, 낳은 다음 모든 근심을 잊으신 은혜, 쓴 것을 삼키고 단 것을 뱉어 먹이신 은혜, 아기를 마른자리에 뉘고 자신은 진자리에 눕는 은혜, 젖을 먹여 길러주신 은혜, 더러운 것을 깨끗이 씻어 주신 은혜, 떨어져 있는 자식을 걱정하신 은혜, 자식을 위해 몹쓸 짓도 감히 하신 은혜, 끝까지 자식을 사랑하는 은혜.

말이 그렇다 뿐이지 부모 은혜를 가짓수로 꼽아 어찌 헤아리랴. 돌아가시고 나서도, 자식을 위해 애쓰시는 은혜라 해야 완결이 될 것이다.

그러나 요즘은 이 부모은중경도 시의(時宜)에 잘 부합되지 않는다. 부모의 함량이 예전보다 훨씬 미달되기 때문이다. 돈과 지식이 자식을 완성해 주진 않잖는가. 게다 자식에게 다 내어 주지도 않는다. 요즘 세태의 교양은 부모의 몫과 인간으로의 몫을 구별하여, 자신을 챙기는 것이다. 신경숙의 어머니나 내 어머니나 과거의 어머니들만이 다 내어 주었다.

나부터 그러하다. 저 열 가지 은혜를 내가 다 자식에게 입혔다고? 글쓰기에 빠져, 자신만 바라보느라 자식에게 소홀한 점이 없었다고? 어머니의 인간적 욕망이 클수록 자식은 외롭다던 친구의 말이 떠오른다. 솔직히 말해, 직장 생활하며 분유로 애 기른 내가 오직 유일하게 자신(?)할 수 있는 대목은 '떨어져 있는 자식을 걱정하신 은혜' 뿐이다. 그래서 긴긴 14년을, 그것도 9년을 외국 체류로 잠 못들게 에미를 괴롭힌 그 애의 죄(?)로 해서 살림을 합할 때 나는 함께 사는 어리석음(?)을 저지르기도 했다.

아들을 위해 나는 신경숙의 영문판을 샀다. 그 애는 대학 시절, 이창래가 <Native Speaker>를 출간했을 때 한국 책방에 가서 한글 번역판을 사서 내게 준 적이 있다. 읽고 나서 왜 그 책을 주었는지 이유가 짐작되었다. 그 애도 <Please Look After Mom>을 읽고 나면, 왜 그 책을 주었는지 이유를 알게 될 게다. 엄마! 아들 마음은 이래요, 했던 그 애가, 아들아! 엄마 마음은 이래, 란 내 의중을 모를 리 없을 터이니. 저도 이젠 자식이 셋이다. 그러니 이렇게나마 의사소통이 되는 한 우리는 전형적인 모자가 되지 않을까. 순간, 함량 미달의 어미에게 귀한 계기를 마련해준 작가에게 고마움이 일었다. 그리고 어느덧 내 손은 합해지고 누구에게라 할 것 없는, 간구하는 마음이 자라났다. Lord! Please, look after my mom.

다정한 손

화순네 아줌마는 경기도 양주 백석 사람이다. 본향은 전라도 어디라고 한다. 일본 강점기, 기아에 못 이긴 부모 손에 의해 팔려 고향을 떠났다고 했다. 조선말, 봉토를 받아 퇴역한 환관이 경기도 양주에 자리 잡고, 대 이을 양자를 들여 가문(家門)을 열고, 그 양자가 자식을 생산하자, 손주를 위해 손주 며느릿감으로 사들였기 때문이란다. 열 살 안팎에 고향을 떠난 아줌마는 그랬기에 다신 고향에 가볼 수가 없어 고향이 어딘지 잘 기억이 나지 않는다고 했다.

아줌마가 우리 집에 온 것은 가세가 기운 뒤, 남편이 딸 하나 남기고 죽자, 입에 풀칠을 하기 위해 다시 집을 떠났기 때문이었다. 어머니 친정이 백석 연곡리여서, 아줌마는 그 연줄로 우리 집에 왔다. 내가 초등학교 삼 학년 때였다.

인척, 일꾼들로 항상 붐비는 우리 집이기에 나는 일하는 사람과 함께 큰방을 써야 했다. 오빠들은 오빠여서 동생들은 동생이어서 각기 작은 방을 가질 수 있었지만 '왕십리 다리 밑 팥죽 장사'

153

에게서 얻어 온 내겐 돌아오는 몫이 그뿐이어서였다. 그때는 전쟁 끝난 얼마 뒤였다. 흔한 것이 고아와 상이군인과 쥐였다. 사 칸 너른 방의 천장 반자에서 뛰는 쥐 소리에 잠을 이룰 수 없었다.

그러자 아버지는 천장 한 곳을 뚫어 유리를 씌우셨다. 우리 집은 '하늘로 문 난 집'이 되었다. 물론 쥐 소리는 없어졌다. 하지만 이번엔 하늘이 너무 말끔하게 보여 마음이 심란해지곤 했다. 지나가는 구름, 달 뜨는 밤, 떨어져 부딪치는 빗줄기 등, 누워서 보면 이 모든 것이 마음에 씌어 잠들 수가 없었다. 게다 방은 허황할(?) 만큼 컸다. 포근한 게 그리웠던 나는 말도 못하고 불면증을 앓았다.

그래서 나는 아줌마가 잠들면 그 등에 가만히 얼굴을 묻고 잠이 오길 기다렸다. 아줌마는 자리에 누우면 곧바로 코를 골았다. 그리고 어느 순간 온몸을 떨어댔다. 이를 부딪기도 했다. 노동으로 몸이 곤한 사람이 잠을 자면 저렇게 되는 건가, 의아했지만 나는 그리 짐작하기로 했다. 사람이 잠들 때면 몸의 수축 현상이 일어나 약간씩 몸을 움츠리기에 떠는 것처럼 보인다는 것은 아주 훗날 알게 된 사실이다.

그때까지도 큰 가마솥 가득 밥을 하던 우리 집이었던지라 아줌마의 노동은 고되었다. 그러나 아줌마는 매사 정성을 다했다. 아줌마가 만드는 것이면 숭늉도 맛있었다. 아버진 가장 만들기 쉽지만, 정성이 들어야 하는 것이 숭늉이라고 하셨다. 그뿐인가. 아침이면 오빠들과 내 도시락을 챙겨 가방에 넣어 주는 사람도 아줌마였고, 학교에서 돌아오면 가장 먼저 반겨주는 사람도 아줌마였다.

"껑다리! 잘 다녀왔어?"

아줌마는 나를 껑다리라고 불렀다. 지금의 내 키가 초등학교 사오 학년 키니까 그땐 껑다리라 불릴만했다. 그 시절 내게 가장 가까이 있던 존재는 아줌마였다. 바쁜 어머니를 대신한 대신 엄마였다. 어머니에게 부려야 할 투정을 아줌마에게 화풀이처럼 풀어도 아줌마는 웃으며 받아줬다. 배가 아프다고 엄살을 부리면 배도 문질러 줬다. 아마 두고 온 어린 딸처럼 생각했는지도 모를 일이었다. 아줌마는 그 무렵 태어난 막내 동생의 해산구완도 해 주었다. 그래서 훗날 막내에게, 열 달 굶어 난 아이가 더 극성스럽다니까, 하고 놀리기도 했다. 어머니는 참 특별하게도 열 달 내 입덧을 하셔서, 아무것도 잡숫지 못하고 막내를 나으셨기 때문이었다.

아줌마가 우리 집을 떠난 것은 큰오빠가 결혼한 뒤였다. 그러나 아줌마는 금방 되돌아왔다. 딸 화순이와 고교 일 년생 시동생을 데리고 시장 복판의 우리 집에 셋방을 얻어 들어온 탓이었다. 그리고 그동안 번 돈은 이들을 위한 저축이었기에 곧 시장에서 좌판 장사를 시작했다. 밑천 들지 않는 좌판 장사는 부식 장사였다. 그 나물에 그 밥으로 고민하는 주부들을 위해 아줌마는 시래기와 고구마 줄거리도 삶고 감자도 깎아 팔았다. 수입이야 빤했지만, 딸과 시동생을 위해 몸 사리지 않고 일했다. 우리 부모님도 성실한 아줌마를 열심히 응원(?)해 주셨다. 천성이 냉갈스럽지 못한 아줌마는 시장에서 곧 인기(?) 있는 사람이 되어 단골이 늘었다.

아줌마와 우리는 그 무렵 한가족이었다. 아줌마는 우리 부모님을 친정 부모처럼 섬겼고, 우리 형제들은 아줌마를 멀리 사는 인척보다 더 살갑게 느꼈다. 서로 이사를 한 훗날도 생활권이 한 시장이다 보니 눈만 뜨면 볼 수 있는 가족이었다. 심지어 내가 결혼한 뒤, 육아로 힘들어하자 어머니는 아줌마를 내게 보내시기도 했다. 나는 시댁에 아줌마를 이모라고 소개했다.

이렇게 우리와 생활하는 동안 아줌마는 어린 시동생을 남편 공경하듯 했다. 그 뒤 시동생은 대학에 진학했다. 화순이도 자라서 고교를 졸업하고 직장을 갖게 되었다. 시동생은 유수한 대학의 화학과 교수가 되었다. 아줌마는 그를 아들처럼 정성을 다하여 결혼시켰다.

외로웠던 내 어린 시절을 함께 해 준 다정한 아줌마. 스스로 가치를 높인 아줌마. 나는 자라며, 이런 아줌마의 손에서 삶에 대한 용기를 보았다. 척박한 자신의 삶을 개척하고, 나아가 주위를 변화시킨, 삶에 대한 의지를 보았다. 다가오는 불행을 온몸으로 받아 싸워 이길 수 있게 만든 손. 평생 노동으로 가족을 지켜내며 가문을 이어간 손. 그래서 스스로 복을 만든 손.

보통 우리는 손을 꾸미기 위해 보석으로 치장한다. 그러나 구리반지 하나 끼어 보지 않은 아줌마의 손은 손 그 자체가 보석이었다. 그런 아줌마를 사람들은 육손네라고 불렀다. 아줌마의 손은 육손이었다.

손

손녀가 자고 있을 때였다. 문득 그 손이 어린 단풍잎처럼 보였다. 색으로 치면 여린 연둣빛이랄까. 살포시 쥐어 보니, 형언할 수 없는 감동이 가슴으로 밀려들었다. 존재의 황홀함과 오고 감의 신비함. 이 아이는 대체 어디서 온 걸까. 이 아이만 한 적이 내게도 있었던가. 그래서 아이의 손을 가만히 쥐고, 지나간 시간 속으로 떠나 보았다.

기억이 나는 처음의 손은 그리 유쾌한 것은 아니다. 초등학교나 중학교 때, 미술 시간에 데생을 하면 선생님은 그 소재로 제 주먹을 그리라고 하셨다. 그때마다 나는 그 손이 내 손이란 실감이 들지 않았다. 크고 마른 손, 표정없이 대상으로 누워 있는 손, 물체가 된 손. 그건 그저 낯선 사물에 불과했다.

그토록 친숙하게 느껴지지 않던 손, 게다 그 손에는 상처까지 얹혀 있었다. 초등학교의 어느 소풍날, 병따개가 없다고 사이다를 그냥 바위에 톡톡 치다 가스가 폭발(?)하여, 유리 조각들이 손에서 작렬하였기 때문이었다. 그 사고로 생긴 볼썽사나운 흔적 - 세 바늘의 꿰맨 자국은 지금도 손 위에 앉아 있다. 그것은 남루한 기억, 누추한 추억이다. 왜 병따개 구할 생각을 하지 않고 그런 무모한 짓을 했담. 무모했던 자신이 부끄러웠기에, 그걸 감추려 아무에게도 손을 내밀지 않으며 소녀 시절이 지나갔다.

그 손에 대한 자신감을 회복시켜 준 사람은 대학 때 친구 권영순이었다. 그림이 전공이었던 그 친구는 내 손을 해파리 손이라고 했다. 크고 가볍고 차고 부드러워서, 쥐면 거기 그 손의 주인이 있는지 없는지 존재를 의심할 만큼 감각이 없단다. 사실 내가 생각해도 내 손엔 힘이 없다. 누군가와 악수를 하면 미안해질 정도로. 한데 그 친구 말에 의하면 그래서 내 손이 정겹단다. 누구든 거절하지 않고 포용할 수 있는, 넓은 마음이 느껴진다나. 그건 미처 생각지 못했던 바였기에, 나는 그 말이 칭찬처럼 들려 기분이 좋아졌다. 아! 내 손에도 좋은 점이 있긴 있었구나. 자신의 존재에 대해 한가닥 확신감이 드는 것도 같았다.

하긴 손을 통해 우리는 존재감을 확인할 수 있다. 누구와도 손 잡아 본 적이 없던 그 시절, 누군가의 손을 잡기 좋아하던 그 친구가 내 손을 잡았을 때, 비로소 나는 거기 권영순이란 친구가 존재하고 있음을 실감했다. 그래서 나는 혼자 일종의 실험을 해 봤다. 두 손을 놓고 있을 때와 두 손을 맞잡아 보았을 때, 어떻게 다른가 하고. 두 손을 놓고 있을 때 자신의 존재는 확인되지 않았다. 그저 붕 ― 떠 있는 의식의 덩어리일 뿐. 그러나 두 손을 맞잡자, 비로소 자신의 육체를 감각으로 느끼며 거기 자신이 존재하고 있음을 실감, 확인하게 되었다. 한 손이 아니라 두 손이어야만 하는 이유, 기도할 때 두 손을 마주 잡는 이유도 이에 있지 않을까. 존재 위에 마음을 얹어 정성을 다하여 올리는 것이 기도일 터이니. 이 발견이 나는 신기했다.

그래서 나는 손은 존재와 등가(等價)라는 생각을 하게 되었다. 이 말은 바꿔 보면, 그를 알려면 그 손을 살펴보라는 뜻이 된다. 세월의 흔적이 가장 적나라하게 드러나는 신체 부위는 얼굴과 손이며, 그 중에도 손은 가감할 수 없는 자신을 들어내기 때문이다. 얼굴은 그나마 분장(?)할 수 있지만 손은 분장(扮裝)할 수 없다.

그와 동시에 더 알게 된 사실은 손은 존재와 존재, 존재와 사물을 연결해 주는 도구라는 점이었다. 친구가 내 손을 잡았을 때 전해 오던 확실한 연결감, 그것은 손이 아니었으면 깨닫지 못했을 새로움이었다.

그리고 사물을 움직여 생활을 영위하게 하는 것도 손이었다. 하기에 손은 인간이 인간다워지게 만드는 도구라고 하지 않나. 한데 도구는 쓰이어야만 제구실을 한다. 만일 주위에 쓰이지 않는 도구가 있다면 우리는 그것을 곧 폐기 처분하리라. 하지만 어른이 되고 보니, 일각에는 그 도구를 쓰고 살지 않는 삶이 우아한 삶이라는 고정관념이 있었다. 박경리의 <토지>가 처음 출간되었을 무렵, 책 읽는 여자들의 동경녀는 서희였다.

"아랫사람 부리고, 재력 있어 무엇이든 손에 넣을 수만 있다면 나도 서희처럼 우아할 수 있어."

책을 읽는 순간은 우아하고 도도한 서희였다가 청소 빨래 끼니 준비를 해야 하는 하녀(?)로 돌아와야 하는 순간, 갈등을 느낀다던 동료들.

하지만 세월이 더 흘러 이곳에 온 후, 가게에서 손님들과 악수를 하다, 그들의 손이 거칠고 두꺼운 것을 발견했다. 백인이든 흑인이든 남녀 불문. 심한 경우엔 콘크리트 바닥 같았다. 뚜렷한 노동의 흔적이었다. 처음엔 우리와 확연히 다른 그 행태가 혼란스러웠다. 어느 쪽이 삶의 질에서 우위를 차지할까. 여기 여자들은 뭐든 스스로 감당하고, 자신의 삶에 직접 개입한다. 그러기에 험악해진 손을 감추려 매니큐어를 한다. 늘 봉순이로 살다 서희가 되고 싶은 순간 매니큐어를 한다고나 할까. 한데 내가 떠나온 곳의 여자들은 살림을 도우미들에게 맡기며 매니큐어를 했다. 매니큐어는 노동하지 않는 여자의 상징이었다. 매니큐어의 상반된 쓰임. 어느 쪽이 진정 아름다운 손일까.

이쯤 와 보니 노동의 흔적으로 희노애락이 스민 손이 진정 매력 있는, 살아 있는 손이란 생각이 든다. 표정없이 아름답기만 한 손은 성형 수술 받은 얼굴처럼 개성이 느껴지지 않아 호감도가 떨어진다. 이처럼 손은 우리의 정체성을 은근하게 드러내 주는 역할도 한다. 의미를 확장해 보면 존재의 표상이다.

게다 손은 우리를 한정 지운다. 요즘 무료해, 뭔가 하고 싶을 때가 있다. 그러나 바로 뒤미처 오는 생각 때문에 멈칫하게 된다. 그 결과물이 공간을 차지하고 나를 바라볼 것인데, 그 인연을 어찌하려고? 인연을 엮지 마라, 인연을 남기지 마라, 맘먹는 요즘 아닌가. 하여 망설임 속에 그만 두 손을 늘어뜨리고 말게 된다. 결국 손이 우리를 존재하게 하고, 드러내 주고, 나아가 압박하며 구속한다. 한정 지워 놓고 포박한다. 이쯤 되면 정녕 무서운 게 손이다.

이리 생각을 굴리고 있는 동안 아이는 눈을 반짝 뜨고 방글 웃었다. 그래서 나는 쥐고 있던 그 어린 단풍잎 위에 이제는 상처의 흔적이 희미해진, 낙엽이 된 내 손을 덮으며 기(氣)를 불어넣듯 소망을 얹어 보았다. 이 미래의 손이 우아한 손보단 쓰이는 손, 순수해서 감각이 살아 있는 창조의 손, 좋은 인연 짓는 손, 그리고 허투루 쓰이지 않는 손이 되길 바란다고.

갈등의 경계

갈등의 경계

인터넷을 검색하다 눈에 확 잡히는 기사 제목을 발견했다.
비둘기 먹이 주다 이웃에 잡혀 경찰서 간 여대생
이건, 개가 사람을 물다, 수준의 기사네. 곧 바로 그걸 클릭해 보았다.

대학원생 A씨는 서울 목동역 근처를 산책하다 길고양이, 비둘기들과 자주 마주쳤다. 어느 날부턴가 그녀는 그들에게 먹일 챙겨 주게 됐다. 그러자 그 시간마다 역 근처 공원 주변에 동물들이 모여들었다. 이를 싫어한 주민 7명은 그녀를 체포하기로 했다. 그리고 근처에 잠복했다 덮쳐, 현장에서 잡았다며, 경찰서에 넘겼다. 초등학교가 바로 옆인데, 새똥 때문에 애들이 아프면 어쩔 거냐고.
야생 동물에게 먹이 주는 행위에 적용할 법령이 없는 경찰은 양쪽을 달래 돌려보냈다. 환경부는 '동물 배설물 등으로 피해를 봤다 해도, 국가나 먹이 준 자를 대상으로 보상을 청구할 수 없다'로 견해를 밝혔다. 이에 대해 전문가는 조류의 세균과 기생충은 사람에게 옮지 않는다는 의견을 내놓았다. 또한 당국자는 비둘기가 유해 야생조류로 지정된 것은 문화재를 훼손할 염려가 있어서였다고 이유를 설명했다.

뒤이어, 데려다 키울 것도 아니며 남에게 피해 주는 행위는 마땅히 지탄받아야 한다는 의견과 생명 존중은 지켜야 할 인간의 본성이라는 독자들의 의견이 팽팽하게 맞섰다. 이로 해서 야기되는 갈등이 적나라하게 느껴질 만큼, 기사 밑에 수없는 댓글들이 달려 있었던 것이다.

주민의 재산권이 우선이다. 주변을 더럽히는 야생 동물들에게 먹이를 주는 것은 지탄받아야 한다. 동물도 도시 생태계의 일원이다. 정서가 말라가는 요즘 아이들에게 오히려 야생 동물 먹이 주기를 적극적으로 권장한다. 환경을 오염시킨 주범인 인간 주제에 동물 배설물 정도에 발끈하는 게 우습다. 쓰레기 봉지 뜯어 음식물 찌꺼기를 길바닥에 쏟아 놓는 길고양이에게 먹이를 주다니, 정신이 나갔냐. 먹이 주는 사람이 있으니까, 오히려 음식물 쓰레기 봉지를 뜯지 않게 된다. 뭐가 문제인가. 위생과 소음이 문제이니 야생 동물 개체 수를 줄여야 한다. 비둘기똥 천지인 밀라노 거리를 명품백 걸쳐 메고 걷거나, 개똥 천지인 파리의 노천카페에서 커피 한 잔 하는 게 한국 여성들의 로망이다. 서울의 비둘기똥은 그림이 안 되나.

이 대목에서 나는 그만 웃음을 내뿜고 말았다. 이 말 맞네. 밀라노와 파리에선 일어날 수 있는 일이 서울에선 왜 안 되는 걸까. 감정에 치우쳐, 이기로 똘똘 뭉친 사람들이 사는 동네가 서울인가. 생각다 보니 몇 년 전 내 경험이 슬몃 떠올랐다. 어느 겨울 추운 아침이었다. 출근하려 아파트 현관을 나서는데, 그 근처에 이상야릇한 냄새가 떠돌고 있었다. 웬 냄새일까. 지난밤 관리인이 청소를 안 했나. 불만 속에, 항상 그렇듯 촉박한 하루의 출발인지라 그냥 서둘러 현관을 나섰다. 그리고 퇴근길에 누더기 같은 짐보따리를 발견했다. 상상할 수 없는 일, 노숙자의 짐이었다. 날씨가 추워지자 몸 누일 곳을 찾아 들은 것일까. 맨하튼에서야 흔한 일이라지만 브루클린 구석까지 노숙자가 등장하다니. 놀라움이 사그라지자 염려가 머리를 들었다. 우선 냄새가 고약해 견딜 수 없고, 혹시 질병을 옮기게 될지도 몰라. 아파트 주민들의 위생에 해는 없을까. 주거 환경을 해치는 존재, 삶의 질을 떨어뜨리는 존재니, 우선 관리인에게 책임을 물어? 경찰에 신고 해? 하지만 추워서 피난 온 사람이잖아.

아침마다 나는 현관을 나서며 갈등을 느끼기 시작했다. 오늘은 꼭 관리인에게 전화해야지. 아니 경찰에 전화해야지. 그러나 일이 덜 바쁜 오후가 되면 결심은 여지없이 흔들렸다. 월세를 낼 수 있는 능력이 있고 없음의 차이일 뿐, 생명이라면 지구 상 어딘가에 몸 하나 누일 공간을 누릴 권리는 누구나 갖는 거다. 돈 내고 사는 내 아파트라 해서, 그 생명의 하늘로부터 받은 기거권을 빼앗는 게 과연 온당한 이성인가. 망설임과 괴로움 속에 하루하루가 갔다.

간혹 출근길에 그 노숙자와 마주치기도 했다. 그는 사십 대쯤의 여자였다. 그녀는 매일 우리 아파트 현관에서 자는 건 아니었다. 지낼 만한 곳을 몇 군데 선정하여 이곳저곳을 옮기며 주민들에게 최소한 피해 입히는 것으로 용서를 바라듯, 마주치면 머리 숙이고 외면하며 주민들이 그냥 지나가 주기를 기다렸다. 나름의 그 예의에 나는 마음이 아팠다. 기거할 공간을 공식적으로 인정받은 것과 받지 못한 것의 차이일 뿐인데, 어째 나는 그녀를 보면 내려다보는 몸짓을 하게 되나, 부끄럽기도 했다. 갈등하며 망설이며, 그 한 해 겨울이 그렇게 지나갔다. 그리고 그 겨울이 다 간 뒤, 잘 참아냈어, 그게 너 답지, 라고 나는 자신에게 말해 주었다. 그랬기에 야생 동물에게 먹이를 줄까 말까 망설였을 그 대학원생의 복잡한 심사가 실감 나게 느껴졌다.

사람은 누구나 이런 무수한 갈등의 경계, 선택의 괴로움 속에서 살아간다. 할까 말까, 도울까 말까, 내버려 둘까 말까. 갈등을 느끼는 그 경계는 무척 좁은 공간이다. 하지만 뛰어넘기는 쉽지 않다. 만일 과감히 뛰어넘는다면, 음이거나 양, 즉 지탄받거나 칭찬받거나 한쪽일 것이다. 야생 동물 먹이를 먹이는 자와 쫓는 자의 전쟁에선 아마 이기(利己) 쪽이거나 자애(慈愛)의 쪽이 될 터이다.

보통의 우리는 그 좁은 경계의 공간 속에 갇혀 끊임없이 부대끼며 갈등하며 살아간다. 이런 태도가 오히려 자연스럽고 인간답지 않을까. 또한 이기심을 드러내는 인간들, 생명 가진 존재의 탐욕 또한 자연의 일부가 아닐는지. 이런 모든 것이 자연의 일부라는 생각만 놓치지 않는다면, 더 많은 생명이 공존하며 지상의 삶을 함께 누릴 수 있을 텐데. 이 점을 이해하여, 대학원생 A씨가 그를 붙잡은 사람들을 용서하고, 마음의 상처를 받지 않게 되었으면 좋겠다.

그런 의미에서 한 네티즌의 댓글이 내 심금(?)을 울렸다. 지구는 인간들만의 것이 아니다. 사람 살기 힘들고 위험한 환경은 인간들이 만든 것이지, 동물들이 만든 것이 아니다. 인색한 인간들은 반성해야 할 필요가 있다. 이런 의견을 올리는 사람들이 있는 한, 지구 상의 생명들은 덜 삭막하게 살아가게 되겠지. 한 줄기 위안 속에서, 나는 닫기 창 버튼을 눌렀다.

자유의 여신

"시뇨라! 이리 와 보시오. 벌써 연 사흘째 아니오?"

피클 뚜껑을 따서 하나씩 꺼내 먹던 도둑이 드디어 발견되었나 보았다. 직원들이 그쪽으로 몰려갔다. 이런 경우엔 도둑을 발견한 직원을 지원해, 일치단결(?)한 이쪽의 힘을 보여 주어야 했기 때문이었다. 머리는 헝클어지고 코트 단도 늘어진 백인 노파가 손톱이 긴 손가락을 빨고 있었고, 주변에선 시큼한 냄새가 떠돌고 있었다.

"돈 낼 거야! 왜 소릴 질러."

노파는 발칵 화부터 냈다.

"돈 먼저 내는 게 순서요."

"낼 거라니까, 내 말 안 들려? 넌 언제까지 여기서 동양 것들 아래서 매니저 할 거니? 아들 대까지 해 먹어라. 노란 것들 것 좀 먹었기로서니."

그녀는 당당하게 이를 갈았다.

"당신 돌았구먼. 왜 내 가족은 쳐들어?"

드디어 열이 머리꼭지까지 오른 포츄기 쟌이 노파를 때릴 듯 손을 쳐들었다. 남편이 뒤에서 그의 팔을 지그시 눌렀다.

"내 맘이지. 프리 컨추리!"

의기양양한 듯 싱긋 웃는 그녀의 얼굴이 꼭 마녀처럼 느껴졌다. 그러나 이런 손님은 여기에 쌔고 쌨다. 더한 손님도 있다.

마침 그 실례를 보여주듯 계산대 쪽이 시끄러워졌다.

"내 돈 내 놔! 내 돈 어딨어?"

숨 돌릴 틈도 없이 나는 계산대로 달려갔다. 흑인 하나가 구슬픈 음성으로 부르짖고 있었다. 그 음성은 가게 안 구석구석 배어나가 듣는 사람의 마음을 당황하게 만드는 힘을 갖고 있었다.

"난 네 돈 훔치지 않았어. 오히려 네가 내 돈을 빼앗으려 하는 거지. 자ㅡ, 돈 모두 내놓고 다시 계산해. 이 사과 한 개 75전이지? 그래서 네가 1불짜리 하나를 내게 주었고, 난 네게 25전 거스름을 주었어. 그런데, 넌 5불짜리 하나를 더 꺼내 내게 주며 먼저의 1불짜리를 돌려달라고 했어. 그 지폐가 필요하다고. 그래서 난 네게 먼저의 1불짜리 지폐를 돌려주고, 5불짜리를 받은 뒤 4불 거스름을 다시 주었어. 25전은 이미 네 손에 있으니까. 한데 뭐가 틀렸단 말이야?"

"4불 50전을 줘야 맞지, 왜 4불만 줘? 내 돈 내놔!"

애초의 목적이 다른 데 있었으므로 그는 설명을 들으려 하지 않았다. 오직 자기주장에만 몰두했다. 상대로 하여금 혼동을 일으키게 해서 제 돈과 거스름돈 그리고 물건까지 챙기려는 수법, 그 상투 수단은 여기 한국 상인들이 가장 곤혹스러워하는 마찰이었다. 영어로 자신을 길게 설명하기엔 역부족인 한인들은 뻔히 알면서도 번번이 당했다. 이런 트집이 빌미가 되어 가게를 닫고 나가는 일도 있었다. 흑인 밀집 지역의 야채 가게 트로피카나나 레드 애플이 시위대의 불매 운동에 밀려 가게를 닫은 일도 다 이런 유형의 마찰이 빌미가 되어서였다.

"내 얘기 들어! 네 말만 하지 말고. 이거 어디서 온 미친놈인데, 날 골탕먹이려고 해!"

캐쉬어 미스 정의 금속성이 쨍하고 가게 안을 울렸다. 울화가 치민 듯 그녀는 다시 높고 흥분된 목소리로 아까의 설명을 반복했다. 그러나 흑인은 똑같은 톤으로 똑같은 주장을 반복했다.

"내 돈 내놔, 내 돈!"

이런 경우 난 어떻게 일을 처리해야 하나. 그깟 사과 하나, 그냥 주어 내보내? 하지만 여기서 밀리면 똑같은 일이 다음에 또 반복될 것이다. 마음속으로 망설이며 일의 깜냥을 따져 보고 있는 사이, 그때 이 층 사무실에서 주인 여자가 쏜살같이 내려왔다. 좀처럼 없었던 일이었다.

그녀는 우선 흑인부터 진정시키고, 4불을 그로부터 회수한 다음, 5불짜리를 돌려주었다. 그리고 25전을 회수한 뒤, 다시 1불을 주고 사과를 되돌려 받았다. 그 과정 동안, 그녀는 흑인의 눈을 들여다보며 일일이 과정을 확인시켰다.

"자―, 이러면 모든 게 제로야. 너도 손해 본 게 없고, 나도 손해 본 게 없지? 그럼 사과는 다른 집에 가서 사!"

일의 추이를 지켜보던 모두가 가슴을 쓸어내렸다. 역시 캐쉬어 8년 관록의 주인이었다. 그녀의 명쾌함에 할 말을 잃은 흑인은 아쉬운 얼굴이 되었다.

"내 돈 내고 내 맘대로 사과도 하나 못 사? 여긴 프리 컨추리야!"

등을 밀려 나가면서도 그는 예의의 호소력 있는 음성으로 구슬프게 외쳤다. 그가 밀고 나가는 문 사이로 강한 바람과 함께 눈발이 들이쳤다.

"프리 컨추리? 좋아한다! 링컨이 지하에서 통곡하겠네."

야채 파트의 직원이 그의 뒤에 대고 삿대질을 했다.

무엇이든 허용된다는 사고방식, 무엇이든 원하는 것이면 해내고 말아야 한다는 욕망이 넘실대는 삶의 현장에서 나는 가만히 속으로 중얼거렸다. 자유가 객지에 와서 고생한다! 마리 앙트와넷이 단두대에서 사라진 대신, 피의 대가로 얻은 자유. 그 자유가 이 도시에 와선 덫이 되어 모두의 목을 조르고 고독하게 만들어 가고 있는 것처럼 보인다. 넘치는 자유가 자유를 빼앗아, 자유는 오히려 감금당해 버렸다. 그래서 이 욕망의 도시 입구에서 횃불을 들고 서 있는 여신상도 지치고 피곤한 나머지, 횃불을 내리고 그만 주저앉고 싶은 건 아닐까. 아니 탈출하고 싶진 않을까. 여신은 도둑질하고 사기를 쳐도 그게 자유라는 인간들을 위해 횃불을 들어 줄 마음이 없을지도 모르니까. 그러나 인간의 손으로 만들어져 세워진 여신상이기에 횃불을 내릴 자유도 없겠지. 불쌍한 여신!

낙원 부근

오전에 미스 정이 앤터니 엄마와 대판 싸움을 벌였다. 생판 처음 보는 사람들처럼. 앤터니 엄마는 성정이 급한 여자였다. 그녀는 물건들을 집어던지듯 후다닥 계산대에 쌓아 올려 놓았다. 그 중엔 어린 앤터니가 뜯어 먹고 올려 놓은 도넛도 한 통 있었다. 미스 정은 그걸 미처 보지 못하고 다른 물건과 함께 끌어 당기다 그만 바닥에 쏟고 말았다. 그러자 앤터니 엄마는 조심스럽게 물건을 다루라고 신경질을 부렸다. 그게 못마땅했던지 미스 정은, 지불 전엔 물건을 개봉하는 것이 아니라고 맞섰다. 두 사람의 싸움은 주저없이 타오르는 불처럼 급속하게 전개되었다.

"손님에 대한 예의도 모르는 넌 동물이야. 동물은 동물의 나라로 돌아 가!"

"잘못의 시작은 너야! 상식에 어긋나는 짓을 먼저 해 놓고, 오히려 윽박지르며 명령하니, 그런 몰상식한 사람이 동물이지 누가 더 동물이냐?"

그건 미스 정의 말이 맞다. 어떤 경우건 여기 손님들은 미안이란 말을 입에 올리지 않는다. 자신이 최선이다. 특히 동양인에게는. 두 여자는 한 수(數)도 무를 수 없다는 듯 상대에게 좀 더 심한 상처를 입히기 위해 서로 기를 썼다.

"이 씨팔년이 노란둥이 주제에 누구더러 동물이래? 닥치지 못해!"

"내가 동물이면 너도 틀림없는 동물이야. 두말하면 잔소리지."

존중이 결여된 사회에 상식이 통할까? 앤터니네 일행, 친구와 자매들까지 미스 정을 공격했다.

"우린 여기 손님야. 파는 입장인 것이 좀 친절하게 하면 안 되니?"

"넌 왜 맨날 쌈질이니? 지면 좀 안돼? 그러단 손님 다 잃어."

"이 거지발싸개 같은 가게, 다시 안 오면 돼. 그 뿐야!"

다혈질의 이탈리안인 그들은 뚱뚱한 덩치를 들이밀며 미스 정을 깔아 뭉갤 기세였다. 그러나 그 위협적인 분위기에도 미스 정은 한 치도 양보하지 않았다. 열렬한 전사처럼 전의에 가득차 올라.

"가게 안에 들어오면 일단 가게 안의 규칙을 지켜야 해. 실수는 너희가 먼저 했어. 그리고 미스 정은 물건을 좀 더 조심스럽게 다루어야 했지. 오늘은 둘 다 실수했어. 서로 사과하고 끝내자."

남편을 눈으로 찾았지만 그는 보이지 않았다. 소요를 가라앉힐 길이 없어진 나는 드디어 입을 열었다. 그리고 전철이 머리 꼭대기에서 모두를 부숴 버리듯 지나갔기에 큰 소리로 말을 이었다.

" 망설임 없이 싸울 수 있는 미스 정이 부러워. 그래, 여기선 그렇게 삶을 쟁취해야 돼. 하지만 먼저, 미스 정은 이 가게가 불매 대상에 포함돼 있다는 걸 눈치 채었어야 해. 앞 쪽 백인 계산대에선 아무 말썽이 없는데, 왜 자신만 종일 싸워야 하는지 생각해 봤어? 지금 우린 그들의 적이야. 하니까 그들이 우릴 이용하기 위해 여기 오는 만큼, 우리도 최선을 다해 그들을 이용해야지. 그 방법은 그들에게 친절하게 대해, 가능한 한 많은 돈을 그들로부터 벌어 들이는 거야. 이 도시에서 돈이 무엇을 의미하는가 생각할 수 있다면 앞으론 싸우지 마. 우리가 여기에 온 목적 잊지 않았겠지?"

좀체로 한국말을 사용하지 않는 나의 긴 한국말은 모두를 어리둥절하게 만들었고, 나중에는 분위기를 가라앉히는 효과를 가져왔다.

"그러니까 손님들에게 친절하게 해야 해. 알았지?"

영어로 말한 내 마지막 당부에 상황은 정리되었다. 미스 정의 얼굴은 경악으로 바래갔다. 그러나 더 충격을 받은 것은 나였다. 말로 드러내 놓고 나니까 이 생활이 진정 더 혐오스럽고 생소했다.

"오케이! 영 레이디. 내 빵 좀 체크해줘."

하지만 여기선 그런 감정을 가질 틈조차 없다. 나는 재빨리 토마스 잉글리쉬 머핀 장수에게로 가서 청구서를 받아 들고 그가 가져온 빵의 숫자를 함께 세었다.

"오늘은 왜 이렇게 빵이 적어?"

"잔치는 끝났어."

176

"무슨 말야? 스트라이크가 끝났어?"

"다음 월요일이면 그들이 돌아올 거야."

우리 대화에 직원들과 손님들이 환성을 올렸다. 엄동설한에 낙수(落水)를 본 듯 기뻐했다. 그 동안 일부 제빵 회사들의 파업에 일용할 양식을 구할 수 없었던 그들은 얼마나 진저리를 쳤던가.

"좋아하긴 일러. 다음 주부턴 우유가 스트라이크야. 전부들 미쳤어. 서로 요구만 해대. 사는 거에 지치는 기분야. 듣는 귀는 다 어디다 놓아 두고, 말할 줄 아는 입만 갖고 다니니."

주위는 다시 금세 풀이 죽었다. 우유를 구하러, 또 헤매고 다녀야 할 피곤들이 벌써부터 역력히 드러났다. 한시도 떼어 놓을 수 없는 짐 같은 삶. 그러나 좀 전의 험악했던 분위기도, 풀 죽은 분위기도 금시 지나갔다. 금시 잊을 수 없는 사람들은 그 자리에 남아 있어야 할 우리들 뿐이었다.

더 생소한 일은 오후에 일어났다. 흑인 시위대들이 몰려 들었던 것이다. 얼마 전 타지역 흑인 소년이 백인 여자 친구 생일에 왔다가, 이 거리 소년들에게 총을 맞고 절명한 것에 대한 항의였다. 그러나 이 거리 백인들 또한 만만치 않았다. 더 이상 우릴 침범하지 마. 우릴 지키고 싶어. 니그로 고 홈! 시위대와 주민들의 뒤섞인 말의 공방은 끝날 줄 몰랐다. 경찰은 주민과 시위대가 섞이지 않게 경찰선을 유지시켰다. 폭도로 변한 시위대는 도로에 폭탄을 던졌다. 포장 도로가 순식간에 가라앉았다. 생생하게 생채기를 드러낸 도로는 뒤채이는 검은 뱀의 몸처럼 슬퍼 보였다.

우리는 서둘러 점포 문을 내리고 사태를 지켜 보았다. 대량 투입된 경찰 병력이 흉흉한 시위대를 해산 시키고 도로를 차단한 뒤, 거리마다 순시하고 다녔다. 우리 가게에도 사복 형사 둘이 왔다.

"시장(市長)이 점포 순시 강화의 특별 명령을 내렸소. 주민들에게서 특별한 반응이 있었소? 우리는 내일부터 일정 기간, 다섯 시 이후 매일 올 거요."

그들이 순시 상황을 적고 돌아간 뒤, 살벌하도록 빈 거리로 나온 우리는 각자 최선의 방법을 강구해 집으로 돌아갔다. 길을 걸으며 참았던 말을 쏟아 내려던 나는 남편과 눈길이 마주치자, 순간 속으로 말을 삼키고 어색한 미소를 만들어 보였다. 이리로 올 때 꿈 꾸었던 곳, 여기 정말 맞아? 그 답은 아마, 예전에 이발소 귀퉁이 벽에서 만났던 칼 붓세 씨가 주겠지? 말 대신 입가에 삐둘어진 미소를 걸치던 찰라, 전철이 머리통 위로 세상을 조각내 부수듯 소리내며 그 쪽으로 달려갔다.

할인의 발톱

여기 도착해 처음 일한 곳은 수퍼마켓이었다. 하지만 체인점은 아니었다. 게다 내가 갔을 때 이미 50년의 역사를 자랑하고 있었으니 지금은 77년 된 노포(老鋪)다. 만일 23년만 더 버틴다면 뉴욕시로부터 역사 보존 기념물로 지정도 받을 수 있으리라. 그 사이 사회 경제 상황에 따라 수많은 체인점들이 주위에서 명멸했음에도 불구하고 지금껏 이 가게가 건재하는 이유는 뭘까? 주민들이 몹시 사랑하기 때문이 아닐까.

그러나 주민들의 그 사랑은 좀 유난했다. 무식하고 늙은 엄마에게 함부로 개개는 패륜아(?) 같았다고나 할까. 이탤리언이 처음 소유주였고, 세 번 더 주인이 바뀐 그 가게의 손님들은 도무지 예의라곤 없었다. 그래서 종일 싸워야만 했다. 가장 큰 이유 중의 하나는 무료 쿠폰 때문이었다.

쿠폰(manufacture coupon) 유통 경로는 손님들이 생각하는 것만큼 단순하지 않다. 제조사가 쿠폰을 발행하면 손님은 상점에서 가서 이를 제시하고 가격 할인을 받는다. 여기까진 쉽다.

하지만 이 쿠폰이 상점을 위해 냉큼 현금으로 돌아오진 않는다. 상점은 이를 취합해 쿠폰을 발행한 제조사로 보내는 게 아니라, 이를 대신 처리해 주는 대행사로 보낸다. 대행사에선 이를 다시 취합 정리해 각 발행 제조사에게 보내고, 거기서 수표를 결재하면 비로소 해당 상점에 현금을 대신할 수 있는 수표를 보내 준다. 여기서 골치 아픈 건 미전국에 이 대행 회사가 몇 되지 않는다는 점이다. 그렇기에 체인점인 경우엔 본부로 쿠폰을 모아 보내면 전문 인력이 알아서 처리해 주지만, 독립 점포인 경우는 따로 인력을 쓸 수 없어 받은 쿠폰이 현금으로 되돌아 오는 데만 몇 개월이 걸린다.

그나마라도 몇 개월 걸릴망정 돌아오면 다행이다. 지불 거절을 받을 경우도 있다. 이런 경우는 고스란히 상점 손해다. 손님 입장에서야 50센트, 75센트 등 별 거 아닌 액수지만 상점으로선 부담이 크다. 가랑비에 옷 젖는다잖나. 그래서 주인은 캐쉬어들에게 원칙을 일렀다. 1불 이하의 액수는 손님 서비스 차원에서 받는다. 그러나 무료 쿠폰은 받지 마라. 장사도 못 하고 그냥 물건 뺏길 순 없다. 대신 손님이 기분 나빠하지 않게 잘 설득해야 한다. 말이 쉽지, 무슨 수로 잘 설득하나. 공짜라면 소도 잡고, 양잿물도 마시는데. 그래서 그 가게에선 캐쉬어들과 손님들이 끊임없이 싸웠고, 그 중재는 내 일 중의 하나였다. 시원치 않은 영어로 나는 가게와 쿠폰 대행사 사이에 문제가 있어서 무료 쿠폰은 받을 수 없다고 성의를 다해 설명하는 수밖에 없었다.

그중 기억에 남는 일은 거버 식품 무료 쿠폰이다. 손님 중에 늘 토요일 아침에 오는 노부인이 있었다. 허름한 옷차림이나 형형한 눈빛이 인상에 남았다. 어느 날 그분은 내게 청이 있다고 했다. 예방 주사 기록을 가져와야 하는 한국인 신입생이 부모마저 의사 소통에 문제가 있으니 도와 달라고. 그분은 고교의 교장이었다. 나는 기꺼이 한국어로 그 부모에게 편지를 썼다. 이 일을 계기로 우리는 무척 친해졌다. 무례한 손님들 틈에서 서로 존중하는 손님이 생긴 건 숨이 트이는 일이었다. 2년쯤 좋은 관계가 유지되고 나는 그녀의 개인 수표들을 현금으로 바꿔 주기도 했다.

그런 중, 한국인 캐쉬어가 바뀌고 석 달쯤 지난 어느 날이었다. 2번 계산대에서 언쟁이 들렸다. 쫓아 가 보니 그 교장 선생님이 얼굴이 새파래져서 한국인 캐쉬어를 몰아세우고 있었다. 캐쉬어의 사연인즉, 거버 식품 무료 쿠폰을 제시했기에 가게의 원칙을 설명했다는 것이다. 나도 똑같은 내용을 설명할 수밖에 없었다. 그러나 노교장의 분노는 풀리지 않았다. 무료 쿠폰 안 받는 것도 정당하지 않고, 한국인 캐쉬어가 담배 피우는 것도 손님에게 예의가 아니라고 했다.

그간 친분으로 알고 있던 그 댁엔 그 쿠폰 사용에 해당하는 아기가 없다. 또 왜 저소득층용 무료 쿠폰을 사용하려 할까? 아무리 머리를 짜내도 이해가 되지 않았다. 게다 한국인 캐쉬어가 담배를 피웠다 한들 계산대 손님 앞에서 피운 것도 아닌데, 개인의 자유 침해가 너무 심한 게 아닌가. 혹시 인종차별인가. 그간의 친교와 달리 반발과 의구심이 일어나는 걸 어쩌는 수가 없었다.

다시는 이 가게에 오지 않겠다고 으름장을 놓고 그 노교장이 돌아간 후, 내가 너무 심란해하니까, 1번 계산대 백인 캐쉬어가 위로하듯 말했다. 개 줄려고 그러나 본데, 부자가 뭘 그런 거까지 챙기고 그래. 속 좁은 사람이라고 생각하고 맘 풀어. 뭐? 저소득층의 굶는 유아들 먹이려고 만든 쿠폰을 부잣집 개에게 사용한다고? 펄쩍 뛰는 내게 그녀는 많은 사람이 그렇게 한다고 웃었다.

그간의 정리(情理)가 싹 갈라지는 느낌이 났다. 내가 알기로 그 집은 박사만 다섯이다. 그것도 교육학 박사. 그 뛰어난 지성의 명문(名門)에서 결식아에게 쓸 무료 쿠폰을 개에게 쓰려고 불같이 화를 냈다니. 그게 올바른 지성(知性)인가? 무엇이 정당인가? 그간 쌓아 온 우정이라면 우정일 수도 있는 감정이 순간 대폭 할인되어 날아갔다. 마음속에서 뭔가 와르르 무너지는 소리가 났다.

이런 배반은 수도 없었다. 몇 달이고 친한 척 굴며 없는 물건을 찾기에, 수소문해서 선반에 진열을 마치면 냉큼 집어 들고 와 쿠폰 내밀기. 그리곤 다시 안 사가 그 물건들이 유통 날짜를 넘기고 결국 쓰레기통으로 들어가게 되었을 때의 분노. 달랑 무료 쿠폰 하나 들고 와 동양인이어서 미국식 상리(商理)를 모른다고 깔보던 사람들.

작은 액수에 불과하지만, 쿠폰에 관한 한 사람의 인격은 알 수 없다. 지성의 고하를 막론하고 인간 심리의 저변엔 물건을 거저 얻고자 하는 본능이라도 숨겨져 있는 걸까? 얼마 전, 홈쇼핑할 때 삼분의 일로 가격을 깎는 기술(?)을 공개한 여자에 관한 인터넷

기사를 읽었다. 아무리 처삼촌댁 떡도 싸야 사 먹는다지만, 정도가 있지, 삼분의 일 가격이라고? 일종의 승리욕인진 몰라도 그건 경제 유통을 쑥밭으로 만드는 지름길이다. 얻는 만큼 내어 놓는 것도 있어야 하는게 삶이지 않나.

아예 쿠폰을 사용하지 않을 뿐 아니라, 물건값 깎는 걸 시도도 하지 않는 내 물건 구매 스타일을 놓고 남편은 남자 같은 여자란다. 내 게으름을 슬쩍 힐난하는 것이리라. 하지만 실제로 사용할 쿠폰 품목도 많지 않아 그걸 사용하려 들다 보면 쓸데없는 정신 소모가 더 크다. 물건값 깎기도 그렇다. 내가 필요해 사면 그뿐이지 악착같이 깎아 봐야 힘만 뺄 뿐 부자가 될 만큼 깎아지지도 않는다. 그 불필요한 수고를 왜 하랴. 그보다 더 중요한 건, 그러지 않아도 자꾸 헐거워져 할인되어 날아가는 내 인생을 붙들고, 잠시라도 영혼을 쉬도록 돌보아, 그다음, 생의 행보를 준비하는 일이다.

현금출납원 22년 내 경험으로 말해 보라면, 할인 구매하려고 기를 쓸수록 인생은 더욱 할인되어 생채기를 남기며 날아가 버리는 악순환을 되풀이할지도 모른다는 것이다.

빨강과 까망

가게 옆엔 학교가 있었다. 그 학교 학생 중엔 마약을 하는 아이들도 있었다. 하교 후 운동장 구석 한편에서 은밀하게 행위를 치르는 그 애들은 남의 눈에 잘 띄지 않았다. 그러나 시간이 지나자 용기가 났는지, 점차 가게에 마실 것을 사러 오는 아이들이 생겨났다. 그 아이들이 처음 가게에 진출(?)하던 날이었다.

"나가! 내 가게에서 당장 나가! 너희에겐 물 한 방울도 팔 수 없어!"

환각으로 해서 윤곽이 무너진 아이들의 얼굴을 발견하던 찰나, 목구멍에서 자신이 아닌 또 다른 자신이 기어 올라온 것처럼 격렬한 부르짖음이 저절로 튀어나왔다. 내부에서 본능적으로 뒤틀고 일어서던 그 무엇! 순식간에 일어난 상황이었다. 평소 의사 표시가 별로 없던 아내의 돌연한 변화에 남편은 믿을 수 없는 얼굴로 눈이 둥그레졌다. 늘 웃는 얼굴에 심약해 보이기조차 하던 가게 아줌마의 표변에 아이들도 놀랐는지 질린 얼굴로 그냥 물러갔다. 그러나 남편보다도 아이들보다도 더 놀란 사람은 자신 스스로였다. 이거 진짜 나 맞아? 정말 내가 이런 사람이었어?

이십 년 넘게 살던 아파트의 앞집은 거주자가 자주 바뀌는 편이었다. 거주자가 바뀌는 것은 문 앞에 깔린 신발 매트를 보면 알 수 있었다. 그것은 대개 밤색이거나 베이지색이거나, 때가 타도 잘 눈에 띄지 않는 색이 대부분이었다. 그리고 그것은 집 밖으로 나오면 제일 먼저 맞닥뜨리는 세상의 일부이기도 했다.

한데 어느 땐가, 빨간색의 매트가 거기 놓여 있었다. 불에 타올라 재만 남고 말 것 같은 빨강. 아침 출근을 위해 문을 열다 그것을 발견한 순간, 아! 피곤해, 어깨를 떨어뜨리고 계단을 내려가는 수밖에 없었다. 첫날은 그렇게 신경에 거슬리네, 정도로 지나갔다. 그러나 들고날 때마다 그것과 부딪치다 보니, 어느 땐가부턴 그 날 일이 잘 안 풀리면 그 매트 색깔 때문이었다고 생각되기 시작했다. 아! 재수 없어. 그 무렵, 왠지 짜증스럽게 투덜거리며 하루를 마감하는 날이 늘어갔다.

드디어 어느 겨울 아침, 출근하러 문을 열다 자신도 모르게 그 빨강을 와락 손에 움켜 들었다. 그리고 빠르게 계단을 내려와 쓰레기통에 집어 던지고 차에 올랐다. 부지불식 간에 일어난 일이었다. 빨간 심장을 꺼내 쓰레기통에 던져버린 것 같은 느낌. 자의식으로도 통제되지 않던 충동적인 행동. 어이없는 상황에 온종일 찜찜한 기분으로 일이 손에 잡히지 않았다. 남의 물건을 맘대로 내다 버려도 되나? 자의식 속에 선명하게 금 그어져 있던 옳고 그름의 구별은 도대체 어디로 갔단 말인가. 당황스럽기 짝이 없는 상황이었다.

그러나 결코 그 매트를 제자리에 돌려놓지는 않았다. 또한 다른 매트를 대신 갖다 놓지도 못했다. 만일 놓다가 누군가의 눈에 띄일까 봐서였다. 그토록 소심해서 껍질을 벗지 못하는 사람이 어찌 그리 엄청난 일을 저지를 수 있었을까, 신기하기까지 했다. 하지만 스스로 질책하면서도 아침마다 받던 스트레스로부터 해방된 심정, 뭔가 해치운 느낌에, 잘했어! 내부의 어디에선가 속삭이고 있던 달콤한 속삭임에 지는 척(?), 그 일을 그냥 넘기고 말았다. 이 일을 해낸 사람, 나 맞아? 정말 내가 이런 사람이었어?

"지난 번 작품 좋던데요."

"선생님 작품에 관심을 많이 가지고 있어요. 기대합니다."

이건 시애틀문학회에서였다. 문우들의 이런 소박한 격려의 말이 칭찬처럼 귀에 쏙쏙 들어오기 시작했을 때, 이건 또 무슨 변고인고, 싶었다. 최영 장군의 후예는커녕 충무공 조영무의 피를 댓 방울 얻어 가진 주제에, 그동안 남의 칭찬을 말 귀를 스치는 동쪽 바람만큼도 여기지 않고 살아왔었는데, 이것이 달콤하게 부어지는 독약인지도 모르는 것처럼 좋아지니, 대체 이게 누구시더라? 이런 어처구니없는 일이 도대체 어떻게 벌어질 수 있단 말인가. 이거 나 맞아? 정말 내가 이런 사람이었어?

　겨울에 해 만나기가 군밤에 싹 나기인, 아니 돼지가 날개 달고 날기인 시애틀. 마루에 그 드문 해가 비껴드는 시간이면 빛 속에 드러나는 자신의 모습을 잘 보려고 눈을 비빈다. 나이 육십이 넘어 발견한 자신의 낯선 모습에 늘어만 가는 의구심. 대체 나는 누구일까. 어떤 본질을 가진 존재일까. 스탕달의 <적과 흑>에 의하면 빨강은 혁명과 변화이고 까망은 보수라고 했다. 평생 한 번도 빨간색 옷을 입지 못하고 까만색 옷을 입어야만 마음이 안정되던 자신은 그럼 변화를 싫어하는 보수주의자였던가. 하지만 자신은 진보적 사고를 동경해 왔고, 정신이 한 곳에 고정되는 것을 지양해 왔다. 빨강과 까망이 혼재되어 있어 혼란을 느끼는 자아. 낯선 자신과 새롭게 부딪치는 자아. 항상 명료하게 살기를 원했던 자신에게 이 점 또한 자신이 모르던, 새삼 발견한 또 하나의 나다. 정말 내가 이런 사람이었어?

　살아갈수록 자신을 잘 알아 가는 게 아니라, 더더욱 미궁 속으로 빠져드는 느낌이다. 이처럼 모호한 자아로 언제 마음의 끝은 찾게 되는지. 혹시, 낯선 자아를 발견하는 것이 생명이 주는 억압으로부터 놓여나는 한 방편이 되는 건 아닐까? 모르겠다. 밤이면 낯선 자신을 품고 잠드는 내가 오직 분명히 알 수 있는 건, 자신을 잘 아세요? 누군가 묻는다면, 아니요! 라고 딱 부러지게 대답할 내 모습뿐이다.

오레가노

오레가노! 그으래. 오레가노면 딱 좋겠다. 오늘 따라 구운 연어가 허전해 보여, 오레가노를 찾으러 일어섰다. 하지만 아무리 장을 뒤져도 없다. 아쉬운 마음으로 식탁에 돌아와 앉으려니 왠지 더 허전하다. 오레가노 잎 한 줌 슬며시 손에 쥐여 주고 떠난 노인 때문일까. 젓가락을 입에 문 채, 한 줄기 피어오르는 추억을 따라가 본다.

우리가 하던 가게엔 노인 단골 몇 분이 있었다. 우리는 그들의 일상을 환히 알고 있었다. 거동이 불편해 일상이 단조로운 분들이기에 조금만 마음 쓰면 그건 금방 알 수 있는 일이었다. 가령 비나 눈 오는 날, 아무개 할아버지는 지금쯤 밖엘 나오고 싶어도 하늘만 보고 있겠지? 이렇게 짐작되면 그분의 일상적 주문인 신문, 커피, 베이글을 준비해 댁으로 가져다준다. 그리고 계산은 가게에 왔을 때 하도록 한다. 깜짝 배달에 노인은 즐거워하고, 그런 일은 해를 거듭해 계속됐다. 그러면 그들은 연말에

선물을 가져오기도 하고, 멀리 사는 그 가족들이 와서 고맙다고
인사도 했다.

데이지도 그런 손님 중의 하나였다. 그러기에 매상으로 보면
중요한 손님도 아니었고, 가게 다음 골목에 살고 있기에, 꼭 우리
가게로 올 일도 없는 노인이었다. 골목마다 가게가 있는데 걸음
불편한 노인이 구태여 우리 가게에 올 일은 없었다. 하지만 가게
맞은 편엔 노인의 친구 조세핀이 살고 있었다. 노인은 영어가 짧은
친구를 도와 일상사를 같이 했다. 그랬기에 거의 매일 가게에 왔다.
그리고 매번 A&S제과점에 들러, 깨 뿌린 S자 쿠키를 사 들고 왔다.
대개 오후 네다섯 시 경이어서 그것은 우리 빈 뱃속에 큰
위안(?)이 됐다. 나아가, 작동이 잘 안 되는 기계처럼 뻑뻑한
생활의 윤활유가 되었다. 가장 한가한 시간에 가게 문 닫을 준비를
하며, 나는 노인과 얘기를 주고받곤 했다. 아니 거의 노인의
얘기를 듣는 편이었다.

노인 클럽의 회장이었던 데이지는 화제가 많았다. 앞집 아픈
강아지, 뒤뜰의 다람쥐, 한 골목의 중국인 친구, 자원봉사하는
성당의 식당, 콜로라도 딸과 그 가족들, 롱아일랜드에 사는 아들과
자녀들. 그렇게 다양한 화제를 가진 분이니, 말을 보탤 필요도
없었다. 그저 듣고만 있으면 대화는 저절로 이어졌다. 간간이
추임새만 넣으면 끝도 없이 이야기를 이어 갔다. 한 시간은
보통이었다. 가게 문 닫을 준비가 얼추 되면, 그제야 노인은
필요한 물건 한두 가지 사서 챙겨 들고 아쉬운 얼굴로 돌아갔다.

노인을 볼 수 없는 날은 명절이 되어 콜로라도 딸네를 간다든가, 롱아일랜드의 경찰인 아들 집에 가든가, 뉴저지 여동생에게 가는 때였다. 그때면 노인은 우리에게 어딜 갈 것이라고 일렀다. 그렇게 15년 넘게, 우리는 이웃으로 지냈다.

노인은 쿠키 외에도 길 걷다 꺾은 꽃 한 송이, 성당에서 얻은 데코레이션 따위를 가져오기도 했다. 죠세핀에게서 얻은 무화과 열매도 가져다주었다. 그러다 보니 죠세핀의 딸 로젤빌과도 친구가 되었다. 맨해튼의 텍스타일 디자이너였던 그녀는 고객 중엔 삼성도 있다며, 한국인인 우리에게 친근하게 굴었다. 다 데이지 할머니가 맺어 준 인연의 사람들이었다.

그런 어느 가을 저녁, 석양을 지고 여늬처럼 노인이 들어왔다. 그리고 슬쩍 손에 뭔가 쥐어 줬다. 뭘까? 살펴보니 풀잎 한 줌이었다. 의아해하는 내 얼굴에, 이게 오레가노야, 말려서 고기고 생선이고 야채고 다 뿌려 봐, 한결 맛이 좋아질 테니, 웃으며 노인은 말했다. 막 나오는데 죠세핀이 마당에서 자라는 이걸 훑어서 손에 쥐여 줬어. 난 이걸 제인에게 주고 싶고. 제인은 가게에서 쓰는 내 이름이었다.

순간 가슴이 꽉 막혔다. 봉숭아꽃 나눠 물들이는 소녀들 같은 노인들의 살가운 우정이 기막히구나. 그건 신선한 충격이었다. 집으로 돌아가는, 혼자 사는 친구에게 좋은 냄새를 즐기라고 한 줌 훑어서 쥐어 준 조세핀. 그리고 데이지는 그걸 내게 쥐어 주었다. 노인들의 오랜 우정 사이에 함께 끼는 것 같아 감동이 북받쳤다.

냄새는 아릿하고 풋풋했다. 나는 소중한 물건 다루듯 그걸 책상 위 선반에 널었다.

그건 시간이 더해지자 바싹 말라 들어가며 진한 허브의 냄새로 변했다. 한데 그게 그리 변하도록 그 후 데이지는 나타나지 않았다. 죠세핀도 로젤빌도 볼 수 없었다. 데이지 집에 가봤지만 응답도 없었다. 노인을 알만한 손님들도 역시 안부를 아는 사람이 없었다. 드디어 어느 아침, 출근하다 들른 로젤빌을 만났다. 그녀는 내 얼굴을 보자 대번에 눈자위가 뻘게지며 데이지의 소식을 전했다.

그날 저녁 데이지는 갑자기 쓰러져, 연락받고 달려온 딸이 냉큼 널싱홈에 넣어 버렸다는 것이다. 그 유쾌하고 친절하고 상냥한 노인이 널싱홈의 거주자가 되다니. 미국 딸들은 인정머리가 없어 단박에 일을 그리 처리했다고 열을 내던 로젤빌. 그 후로 다신 데이지를 볼 수 없었다. 널싱홈이 어딘지 알아내 찾아가 보려던 차, 사망 소식을 들었던 탓이다. 내가 자리를 비운 사이, 딸이 와서, 그간 어머니에게 친절하게 대해 줘 고마웠다고, 남편에게 인사를 하고 돌아갔다는 것이 데이지 소식의 마지막이었다. 그랬기에 지금도 그 노인이 기억나면 마음 한 귀퉁이가 저려오곤 한다.

내가 허브에 관해 처음 알게 된 것은 20 대 추억의 저장광에 불멸하는 기억으로 남아 있는 영화 <졸업>의 주제가 <스카보로의 시장>에서였다. 파슬리, 세이지, 로즈메리, 그리고 타임… 노래 속에서 마법의 주문처럼 되풀이되던 허브들. 어째서 허브를 인생의 향기라고 하나? 허브가 대체 어떤 건지 그 시절 무척 궁금했다. 그땐 일상생활에서 허브를 전혀 사용하지 않았기 때문이다.

그러나 데이지 할머니가 그렇게 가고 난 뒤, 오레가노로 해서 다시 허브에 관해 관심을 갖게 됐고, 음식에도 사용하게 되었다. 이탈리언들의 요리엔 빠질 수 없다는 오레가노. 오래가는 냄새를 가진 오레가노. 오래가는 것 만이 선(善)이고 가치 있는 것일까? 만일 아닐지라도 삭막하고 황량한 사막 같던 그 시절을 건너게 해 준 데이지에 대한 기억만은 선일 게다. 지금도 향훈(香薰)이 되어 노인은 내 가슴에 불멸하고 있지 않은가. 게다 오레가노의 꽃말은 사색이란다. 그래선가? 오레가노란 말만 떠올려도 노인이 손에 쥐여 주고 간 마음이 함께 떠올라, 생각에 잠겨 기억을 반추(反芻)하게 된다. 오늘도 그랬기에 나는 젓가락을 입에 문 채 속으로 가만히 말해 본다. 오레가노 기억은 어찌 이리 오래 가노!

단호박 세상

검초록 껍질째 단호박을 한 입 베물었다. 뜻밖에도 맛이 쓰다. 반사적으로 뱉어내며 단박 불평이 튀어나왔다. 단박에 단 박을 구별 못 할 만큼 이젠 눈도 갔구나. 쓴맛 단맛도 구별 못 했다니. 쓴맛? 순간, 눈은 먼 데 시간을 더듬어 갔다.

어느 날 가게에 청년 둘이 왔다. 불량한 차림, 당장 경계심이 잔뜩 일었다. 그들은 주인을 찾았다. 남편이 나서자 그들은 손가락을 꺾으며 말했다.

"거래하지 않을래? 한 달에 80불만 내면 가게를 보호해 줄게. 말썽 피우는 학생들, 귀찮게 구는 물건들, 싹 손봐 줄 수 있는데."

"아니! 우린 보호 필요 없어. 우리 아들이 태권도 검은 띠야."

남편을 밀치고 나서 단호하게 말하는 날 그들은 곱지 않은 눈으로 흘겼다. 가게 개업 첫날밤 쓰레기에 불 질러 우리를 황겁하게 만든 자들일지도 모른단 생각이 스쳤다.

괜히 후환 만드는 거 아냐? 그냥 주고 말지. 남편은 켕기는 눈치였다. 하지만 한 번 밀리면 끝까지 밀린다. 버텨야 한다.

말려들지 말아야 한다. 잘 생각해 봐. 내일 다시 올게. 그들은 어깨를 크게 펴서 팔을 휘두르며 가게를 나갔다. 남의 땅이니까… 분노와 설움이 울컥 치밀었다. 사는 게 참 신산스러웠다.

반전은 그 날 저녁에 일어났다. 상체에 온통 드래곤 문신을 넣은 남자가 검은 캐딜락을 가게 앞에 세웠다. 그는 오늘 일의 전말과 청년들의 인상착의에 대해 자세히 물었다. 그리고 그들이 다신 나타날 수 없게 할 테니 염려 말라며, 혹 그들이 다시 올 경우를 대비해 명함까지 남겼다. 어느 피자집 명함이었다.

그가 떠나자 지켜 보고 있었던지 피터 엄마가 달려왔다. 아까 청년들이 우릴 협박할 때 가게 뒤쪽에서 그로서리를 찾고 있던 동네 단골이었다.

"지금 다녀간 그자가 마피아 중간 보스야. 에비뉴 U에서 가겔 하지. 아까 상황을 보고 내가 전화했어. 여긴 이탈리안 동넨데, 그런 조무래기들이 설칠 데가 아니거든. 아마 또 나타나면 마피아한테 곤경께나 치를 걸."

마피아! 그때 쟌 가티가 실세였기에 그 지역 마피아의 힘은 막강했다. 집 동네에서도 62 경찰서가 바로 집 앞인 탓인지, 다음 블럭에 있는 마피아 보스들의 저택 탓인진 모르나, 한여름에 창문을 열어 놓고 자도 아무 사고가 없었다. 범죄가 들끓는 뉴욕시에서 유일한 청정(?) 지역이었다. 이이제이(以夷制夷) 인가? 아무튼, 조무래기들이 일으키는 범죄가 전무했다. 그래 심지어 그 지역 청소년 중엔 장래 희망이 마피아인 아이들도 있었다. 그것도 지역 신문 <베이뉴스> 인터뷰 기사에서 그렇게 말해 놀라움을 안겼다.

개인의 안전까지 영향을 미치는 마피아는 대신 86가 샤핑몰 주인들에게서 돈을 챙겼다. 배달 하청업을 빙자해 매월 배달 하청비를 받아 갔다. 배달원이 속을 썩여도 항의할 수 없었다. 먼저 가게에서 그 갈등을 충분히 경험했기에 피터 엄마의 선의가 씁쓸하기만 했다. 그랬기에 퇴근길은 늘 허탈했다. 은폐된 폭력 속에 살아야 한단 현실이 신경을 건드렸다. 입맛 쓴 세상이었다. 우리는 저녁밥 놓치기가 일쑤였다.

하지만 사람 사는 곳은 역시 사람 사는 곳이었다. 그 몇 년 뒤였다. 86년도 형 올스모빌을 13년이나 쓰다 보니 고물이 다 됐다. 그래서 일본에 있는 아들이 오면 차를 바꾸러 가자고 부자가 약속한 달이었다. 그달에 모든 문제가 한꺼번에 터졌다. 어느 날 퇴근길, 잘 달리던 차에서 이상한 소리가 들렸다. 몇 분 동안 그 소리를 들으며 달리던 남편이 차를 길가에 세웠다. 차에서 내려 살펴보고 온 그의 표정이 심상치 않았다. 타이어가 찢어져 너풀댄다고 했다. 오션파크웨이나 가야 자동차 수리 업소가 있는데. 찢어진 타이어로 거기까지 가기는커녕 더 가까운 집에도 가기 어려운 상황이었다. 불량배들이 우리를 협박하던 날처럼 우리는 당황하여 차 안에 앉아 머리를 싸맸다. 아무리 궁리해도 방법이 없었다.

어느 순간 남편은 결심한 듯 차에서 내렸다. 마침 정차한 곳이 시나고그 앞이었다. 그는 공사 중인 성당 안으로 들어갔다. 얼마

후 멕시칸이 그를 따라 나왔다. 멕시칸 남자는 차 바퀴 꼴을 들여다보더니 다시 성당 안으로 들어갔다. 그리고 칼을 가지고 나와 타이어의 찢어진 부분을 잘라냈다. 칼로 두꺼운 고무를 잘라내기란 쉬운 일이 아니었다. 때는 8월이었다. 거의 30분 걸려 드디어 작업이 끝났다.

돈으로 환산할 수 없는, 고마운 마음을 어떻게 전달해야 할까. 주머니를 뒤졌더니 10불이 나왔다. 수고에 못 미치는 액수나 어쩔 수 없었다. 하지만 그는 너무 고마운 몸짓으로 그 돈을 받았다. 우리는 가슴을 쓸어내렸다. 그러나 미안한 마음이 가신 건 아니었다. 그래서 그 다음 날 맥주 한 상자를 싣고 그 앞으로 갔다. 성당 문은 닫혀 있었다. 그 후로 다신 그를 볼 수 없었다. 그 뒤 우린 그 앞을 지나갈 때 천사가 현현(顯現)했던 장소라고 거기를 명명했다. 붉고 투박한 얼굴을 가진 노동자 차림의 천사.

우리는 차를 바꿀 때까지 천사의 출현을 수시로 경험했다. 달리다 갑자기 시동이 꺼지면 지나던 차들이 멈춰, 뭘 도와줄까? 다들 머리를 내밀었다. 남녀노소 누구나. 그 일로 해서 우리는 누구나 안자락에 천사 하나씩 숨기고 있다는 사실을 알게 됐다.

차를 바꾸고 퇴근하며 가게 동네를 지나가자 길에 나와 있던 이웃들이 아이 어른 할 것 없이 손뼉을 쳤다. 멋쩍어서 뒤통수를 긁었지만, 마음은 따뜻하게 즐거웠다. 이 일은 살고 있는 사회에 대한 고정관념을 전환할 수 있었던 소중한 사건이었다. 낡은 차 한 대가 준 무한대의 가치였다.

비록 단호박 껍질에 인간의 암종 같은 잔류물이 남아서 쓴맛이
돌지라도 그 안의 달콤한 맛은 변함없을 것이다. 비록 세상이 변해
거칠어져 갈지라도 인간 속의 따뜻한 마음은 변함없을 것이다. 암!
나는 숟갈로 호박 안쪽, 황홀하게 달아오른 주황색의 속살을 도려
한 입 꿀꺽 삼켰다.

아이스크림과 택시비

햇빛이 욕망껏 뜨겁게 포장도로를 달구고 있었다. 전기를 꺼 버린 가게 안은 그래서 더욱 어두워 보였다. 이제 셔터만 내리면 이 가게와는 안녕이다. 아쉬워하는 이웃들과도 충분히 작별 인사를 나누었다. 방학이 끝나고 돌아오면 학생과 선생들은 없어진 가게에 대해 허전해할까? 흥분과 침잠, 홀가분함과 우려가 뒤엉켜 가슴을 눌렀다. 남편은 벌써 밖으로 나가 셔터 내릴 준비를 하고 있었다.

그때였다. 길 건너에서 급하게 자전거를 몰아 오는 소년이 보였다. 보고 있는 사이, 소년은 순식간에 가게 앞에 자전거를 부려 뉘었다. 남미 계통의 흑인, 낯이 선 아이였다. 미스터! 여기 무료 아이스크림 준다던데? 너무 늦었어. 이젠 없어. 작업 중인 남편을 방해할까 봐 문 쪽으로 다가가며 나는 큰 소리로 소년에게 대답했다. 다들 먹었는데, 나만 빠졌어. 얼른 하나 줘. 나는 아이를 가게 안으로 데리고 들어와 텅 빈 가게와 아이스크림 냉동고를 보여 줬다.

"오늘은 우리가 가게를 아주 닫는 날이야. 그래서 남은 아이스크림들을 동네에 나눠줬고, 이젠 문 잠그고 갈 시간이니까, 하나도 남질 않았어. 여기 보이지? 빈 가게. 미안하다. 진작 오잖고."

하지만 아이는 설명이 하나도 들리지 않는 듯, 큰 눈을 굴리며 제 주장을 내세웠다. 두고 안 주는 걸로 생각하는 듯 되풀이, 하나만 달라고 졸랐다. 빨랑 나오지 뭘 꾸물대! 밖에선 남편이 소리쳐 재촉하고 있었다. 나는 밖에 대고 상황을 설명했다. 남편이 안으로 다시 들어왔다. 아이는 남편에게 똑같은 말을 되풀이했다. 남편도 나와 같은 대답을 반복했다. 진작 왔으면 좋았을 걸. 미안해.

"씨팔, 차이니스! 다 주고 왜 나만 안 줘. 지하실에 숨겨 둔 거 아니야? 씨팔, 사람 차별하고 있어. 냄새나는 차이니스 주제에. 씨팔, 아이스크림 하나 갖고 사람을 여기까지 오게 만들고. 좆같이."

손주라고 해도 될 나이의 어린 소년은 숨도 안 쉬고 욕을 퍼부어댔다. 날벼락이었다. 17년이나 경영하던 가게를 닫으려던 마지막 순간, 떨어진 날벼락. 지난 세월을 돌아보며 조용히 문을 내리던 우리는 황당해져 할 말을 잃었다.

남편은 구석으로 가서 빗자루를 가져와 분노와 함께 아이를 몰아냈다. 집에 돌아오는 길이 그리 허망할 수가 없었다. 우리가 저러며 지난 17년을 살았지. 대부분 저렇게 아이들과 싸우며

버텼지. 학교 옆에서 누군가 장사한다면 말려야 해. /아이스크림과 함께 지난 17년이 철저하게 녹아내렸다.

모든 예정을 취소하고 집으로 곧장 돌아온 우리는 식사도 거른 채 술을 마셨다. 은퇴의 시점에서 지난 모든 세월을 배반 당한 듯 참담한 날이었다. 아이스크림들을 그냥 내다 버릴 걸, 왜 나눠 줄 생각을 했지? 인간에 대한 절망으로 새삼 몸이 떨렸다. 그런 아이디어를 냈던 자신이 밉기만 했다.

하긴 그런 절망이 어디 한두 번이었나. 그간 우리는 비록 장사는 하고 있을망정 인간으로서의 본분은 잃지 않으려 노력했다. 그래서 계산 못 하는 아이들에게도 잔돈 철저히 챙겨 주고, 실수로 낸 액면가 큰돈이나 떨어뜨리고 간 돈도 돌려주고, 학생들에게 금지된 담배나 주류도 팔지 않았으며, 마약 말아 피우는 종이, 개비 담배, 총기 형태의 장난감, 핼러윈데이 계란, 등도 팔지 않았다. 레드불 같은 에너지 음료나 커피를 사려는 애들에겐 그 해악에 대해 설명했다. 그러나 개중의 그들은 네가 내 엄마냐고 대들었다. 욕하고 덤비는 아이들도 있었다. 호의가 걸리적거리는 장식품으로 전락하는, 이런 날이면 앞이 깜깜해졌다. 같은 인종이어도 그럴 수 있을까? 삶에 대한 회의와 갈등으로 무너져 버릴 것만 같았다. 머리 터지도록 되짚어 생각해 보느라 잠을 이룰 수 없었다.

한번은 폐점 시간 무렵, 청소년은 좀 넘긴 나이의 남자 둘이 들어와, 시가 말아 피우는 종이이나 마약 말아 피우는 종이로도 이용되는 필리를 찾았다. 없다고 했더니, 실망이 노여움으로 변했는지 그들은 문 쪽 선반에 진열되어 있던 5파운드짜리 개밥을 내게 던졌다. 그러나 불행 중 다행으로 그것들은 금전등록기로 떨어져 기계 일부를 부숴 놨다. 그 순간 밀려오던 단절감. 저들에게 우리는 무엇으로 보이는 걸까? 오직 이방(異邦)의 짐승일 뿐일까? 영원히 소통할 수 없을지도 모른다는 절망이 높은 파도가 되어 덮쳐 왔다.

그래도 해가 뜨면 가게 문은 열어야 했고, 일상은 반복되었다. 가게는 학생들로 해서 등교 시간엔 언제나 붐볐다. 줄 잡아 300여 명이 항상 북적였다. 하기에 줄을 서지 않으면 그들을 감당할 수가 없었다. 어느 날 아침, 막무가내로 해롱거리는 남학생에게 줄을 서라고 했다. 그러자 그는 성을 내며 계산대 앞에 진열된 물건들을 우리에게 마구 집어 던졌다. 이건 경찰 소관이다. 911에 전화를 했다. 그러나 30여 분 뒤 도착한 NYPD는 우리에게 선택을 요구했다. 자신들이 할 수 있는 일은 그를 현행 폭력범으로 체포할 것인가 말 것인가 뿐이라고. 결정은 너희 몫이란다. 이만 일로 열댓 살 된 아이를 체포하다니. 아이들은 천만 번 변하지 않던가. 소행은 괘씸하지만 선도(善導)를 원할 뿐이라고 했더니 어깨를 으쓱해 보이고 그들은 그냥 돌아갔다.

그 바로 뒤, 마침 학교의 간부급 여선생이 커피를 사러 왔다. 우리는 그녀에게 하소연하듯 그 얘기를 했다. 그러자 그녀는 정색하고 말했다. 열댓 살이 적은 나이는 아니다. 범죄 성향을 방치하면 나중에 커서 더 많은 사람을 해할 수도 있으니, 지금부터 그것을 예방해야 하므로, 꼭 처벌하여 고치도록 하던가, 일찌감치 범죄자로 분류하여 일반으로부터 격리 시키든가 해야 한다. 오히려 이쪽을 몰아세우는 듯한 그 단호함에 우리는 벌어진 입을 다물지 못했다. 문제 학생을 집에 데려가 먹이고 재우며 선도를 아끼지 않던, 서울의 동료 교사들이 저절로 떠오르는 순간이었다. 참 다르구나. 이게 현재 내가 살고 있는 사회구나. 놀랍지만 이 미국 선생의 의견에 동의하든 말든 그건 그들의 제도인 걸 내가 어쩌랴. 어쩌면 우리 사고방식이 그들에겐 값싼 감상으로 보일지도 모르지. 하지만 그래도 인간에 대한 관심과 기대는 버릴 수가 없네.

그런 부지기수의 생소한 절망들 속에서 우리는 17년을 버텨냈다. 절망을 끼고 영어를 익혔으며, 절망을 끌어안은 채 이 사회를 이해하고 배우려 노력했다. 그리고 이제 그 아이스크림 소년으로 해서 또 새로운 절망과 만나게 되었다. 아마 이 절망은 아물기 어려운 상처로 남을 것이다.

낙엽이 지는 늦가을의 아파트 앞, 쌀쌀한 거리에서 우리는 택시를 기다렸다. 지난 25년간 살아왔던 아파트. 함께 그 세월을 지내왔던 이웃들과도 진한(?) 작별의 인사를 나눈 뒤였다. 차는 이미 시애틀로 운송 중이었기에 JFK공항까지는 카 서비스를 이용해야만 했다.

아침 일찍 부른 차는 예정에서 벌써 두 시간이 지나 있었다. 온다고 전화만 해대는 차로 해서 우리는 속이 탈대로 탔다.

이대로라면 여유 있게 공항에 도착하기는커녕, 비행기 탑승이나 제대로 할 수 있을지 모르겠다. 만일 비행기를 놓친다면 일은 복잡하게 돌아갈 것이다. 시애틀 시택 공항에서 기다리고 있는 아들 내외에게 다시 연락해야 하고, 랜드로드 사무실에 가서 이미 돌려준 열쇠를 되찾아, 이사 완료로 아무것도 없는 빈 아파트에 들어가 추운 뉴욕의 밤 기온을 견뎌야 하고, 비행기 티켓을 변경해야 할 것이다. 만일의 불상사에 대비해 머릿속은 그 준비로 터질 듯 돌아갔다. 제발, 빨리 차가 와 주었으면.

비행기 이륙 예정 시간 40분 전, 겨우 택시는 왔다. 278 하이웨이가 막혀서 이제야 도착했다고, 운전기사가 우리의 비행기 이륙 시간을 더 걱정했다. 만일 벨트파크웨이도 막히면 어쩌지? 이젠 운을 믿는 수밖에 없었다. JFK까지 30분 거리, 탑승 수속 10분의 여유밖에 없었다.

JFK에 도착하도록 남편과 나, 그리고 운전기사는 일심동체가 된 것처럼 속도(?)를 냈다. 25분 걸렸다. 운전기사는 차 트렁크에서 우리 짐을 꺼내며, 짐은 자기가 들고 갈 터이니 티켓 데스크로 빨리 먼저 가라고 등을 밀었다. 우리는 그의 말대로 달렸다. 접수처에 나타난 우리를 보고 직원은 기막힌 얼굴을 했다. 곧 게이트 닫을 터인데. 남미계로 보이는 흑인 여직원은 최대한 빨리 티켓 처리를 했다. 그리고 뒤미처 운전기사가 가져온 가방에 스티커를 붙여 컨베이어벨트에 올린 뒤, 우리 비행 티켓을 들고 앞장섰다. 게이트가 멀어. 당신들 끼리 찾아가기엔 시간이 없어. 내가 안내할게.

우리는 운전기사를 돌아보았다. 늦긴 했지만 최선을 다해 노력해 준 그가 고마웠다. 하지만 그는 본부에 연락했더니, 너무 미안하니까 탑승료를 받지 말라고 했다며, 그냥 빨리 가란다. 그러면 그에게 팁이라도 주어야 하는데. 그러나 그 돈 꺼낼 여유도 없었다. 여직원이 우리를 재촉했던 탓이다. 머뭇거릴 수 없기에 우리는 미안한 마음을 가득 안고 게이트를 향해 단거리 선수처럼 달렸다. 게이트에 도착한 순간, 문은 닫히고 있었다. 여직원은 숨 가쁘게 소리쳤다. 여기 마지막 손님 있어요! 우리는 그 여직원에게 고맙단 인사도 변변히 못 하고 비행기 문 안으로 골인했다.

비행기 좌석 벨트를 맨 뒤, 우리는 기진해서 늘어졌다. 한 시간 걸리기도 하는 탑승 수속을 10분 만에 해치우다니. 평소 늘 막히던 JFK까지의 길을 25분에 주파하다니. 무언가 예정되어 있던 일이었기에, 예정대로 진행되어 가는 일이 아니고선 일어날 수 없는 일이다. 혹시 은퇴하기로 맘먹었을 때, 시애틀로 이주를 결정한 것도 이미 오래 전 운명에 의해 예정되어 있었던 건 아닐까?

문득, 뜨거운 포장도로 위에 떨어뜨린 아이스크림처럼 우리를 허망하게 녹여 놓았던(?) 소년이 떠올랐다. 그런 소년이 사는 곳인가 하면, 좀 전의 택시 회사와 운전기사 그리고 여직원 같은 사람도 사는 곳이 세상이다. 그러니 세상은 꼭 절망스럽기만 한 건 아닌가 봐. 사람으로 해서 얻은 절망을 사람으로 해서 치유한다면, 그게 가장 바람직한 치료 방법이지. 이래서 또 살아갈, 아니 달려갈 힘을 얻었네. 시애틀에 도착하면 택시 회사에

전화해서 고마움을 전해야겠다. 한데 그 티켓 데스크의
여직원에겐 어찌 고마움을 전달하지? 너무 급해 명찰 봐 두는
것도 잊었잖아. 따뜻하게 부풀어 오르는 마음으로 뺨을 쓸고 있는
동안, 헐벗어 가는 가을 속의 비행기는 가장 낮은 바닥을 차고
높이 날아오르기 시작했다. 단풍에 얹힌 햇빛은 조신하게 계절의
완성을 조율하고 있었다.

눈물 젖은 빵

아이가 운다. 슬슬 내지르는 소리. 심심하구나! 읽던 책을 덮고 아래층으로 내려갔다. 그리고 아이를 안아 올려 까꿍! 얼러 본다. 어라? 방글 웃어야 할 녀석이 계속 운다. 이름을 부르며 아이를 간지러 본다. 하지만 기대하는 반응을 거부하며, 아이는 소리를 내지른다. 아프다는 단계의 울음 아닌가.

"어진이 어디 아픈 것 아니니?"

"아녜요. 배고파 울어요."

부엌의 애 어미는 심상하다. 거실 쪽에 대고 대답만 하고 있다. 그러나 아이 울음은 어느덧 비명으로 변해 가고 있다.

"그럼 빨리 우유 가져와. 내가 먹여 줄게."

"지금 물 끓이고 있어요. 끓인 물이 떨어졌어요."

물을 끓여, 식힌 뒤 우유를 타려면 적어도 15분은 걸린다. 이 말뜻은 아이 우는 걸 15분 지켜봐야 한단 의미다. 또한, 나는 어느 편이든 선택을 해야 한다는 뜻이기도 하다. 아이와 함께 마음으로

207

울어 주든가, 냉정하게 우는 모습을 관찰하든가, 양단 간의 입장을
정해야만 한다.

잠시 마음이 이쪽저쪽으로 기우뚱기우뚱한다. 이 어린 걸 놓고
관찰을 한다? 그러기엔 가슴이 조인다. 아니 차라리 마음이
저미듯 아프다. 숨 막히게 우는 아이만큼 함께 숨이 막힌다.
15분이면 역사가 바뀔 수도 있는 시간이다.

문득 장용학의 <現代의 野>가 떠오른다. 사회의 모순으로
감옥에 갇혔던 주인공 玄宇는 간수가 서둘러 감방문을 닫는
바람에 문틈에 손가락이 집혀 그 충격으로 죽었다. 순식간에.
충격이란 그런 거다.

이 아이에게 배고프다는 충격은 얼마만큼 참을 수 있는
아픔일까? 이런저런 생각을 하는 사이, 아이의 울음은 고개를
치닫는다. 얼굴이 뻘게진 채 눈물 콧물 다 흘리며 두 발을
옹그리고 팔을 휘저으며, 아이의 소리라고 믿을 수 없을 만큼 엄청
큰 소리로 울어댄다.

이렇게 배고픈 시절이 언제였던가? 기억엔 없지만, 집안
어른들에게 주워 들어, 기억하는 일이 있긴 있다. 간난 시절에
먹여 놓으면 놀고, 배고파도 울지 않고, 얼러도 웃지 않던 뚱한
표정의 아이. 그러던 아이가 6.25 피난길에 몹시 울었단다.
배고프다고. 그래서 할머니는 냉큼 그치지 않으면 서울 돌아갈 때
한강 건너며 빠뜨리고 간다고 협박하시곤 했단다. 하지만 정작
한강을 건넜을 때 할머니는 나를 품 안에 꼭 안고 오셨다. 아, 흠

― 할머니 냄새! 그리고 그 날 또 기억나는 게 있다. 한강 나루에서 식량 구하기 위해 가족이 서로 헤어지던 장면.

이 녀석도 피난길의 아이만큼 배가 고픈 걸까? 요즘 아이들은 원하는 거면 무엇이든 부모들이 즉시 손에 쥐여 준다. 먹을 것뿐인가, 심지어 그들의 미래까지 다 재단하고 설계하여 손에 쥐여 준다. 그 설계에 따라 오죽하면 에코 맘, 알파맘, 사커맘, 미니벤맘, 시큐리티맘, 헬리콥터맘, 처치맘, 등의 용어까지 생겨났겠는가. 환경 보호에 주력하는 에코맘, 수퍼우먼의 발전형인 알파맘, 조기 영재 교육에 주력하는 사커맘, 자녀 안전에 주력하는 시큐리티맘, 학교 주변을 떠나지 못하는 헬리콥터맘, 신앙에 주력하는 처치맘에 매사를 인터넷으로 해결하는 웹시족까지. 그러므로 아이는 피난길의 아이만큼 배고플 환경이 아니다.

한데, 지금 아이는 온몸을 태질하듯, 사지를 발버둥치고 뒹군다. 아니, 정부군에게 탈취한 트럭에 올라 팔을 내두르며 저항하는 민병대처럼 몸부림한다. 먹이가 아니면 죽음을 달라! 전신으로 절규하는 생명. 그 처절함에 소름이 돋는다. 생존은 먹이에 의존한다는 생생한 현장이다.

먹이를 얻기 위해 비굴함도 삼켜야 했던, 아직 끝도 안 난 그 전쟁이 몇 년 전이었던가. 요즘 젊은이들은 보릿고개 얘길 하면, 또 그소리? 질려하지만 그 고갤 넘기 위해 얼마나 절박했던가. 어려서 읽은 책이기에 기억의 확률은 낮지만 아마 베토벤이었을 것이다. 그는 눈물 젖은 빵을 먹어 보지 않은 사람은 인생을 논할 수 없다고 했다. 그에게는 빵이었으나 내겐 콩나물죽, 남편에겐 호박풀떼기, 누군가에겐 수제비, 또는 라면, 미국 아이였다면 마카로니치즈였을 수도 있는 눈물 젖은 빵. 그래, 이 애에겐 우유 한 병이 눈물 젖은 빵이 되겠구나.

야, 이 녀석아! 눈물 젖은 빵을 먹어 봐야 세상의 험한 바다를 건널 수 있어. 넌 지금 인생을 배우고 있는 거야. 혹독한 대가를 치러야 하는 인생을 이 정도로 배울 수 있다면 네 에미에게 고마워해야 해. 네 에미가 인생 공부 잘 시키고 있으니, 아마 넌 이담에 적극적인 사람이 될 게다. 울기 전에 모든 걸 다 해다 바친 네 에비는 지금 욕심 없이 안분자족하는 사람이 되어 있지만, 넌 삶을 쟁취하려는 목표가 확실한 사람이 될 것이야. 애비 보다 더 큰 삶을 살겠구나. 할미 속이 이 꼴인데, 지금쯤 에미는 얼마나 속이 타겠냐. 적당히 울어 둬라. 그놈, 할아버지 닮아 성질 한 번 급하네.

드디어 아이는 메마른 흙 위에 내동댕이쳐진 자벌레 꿈틀거리듯 몸부림한다. 그 아일 보듬어 안으며, 나는 15분이 어서 지나길 기다린다. 15분의 지옥에서 벗어나길 간절히 기다린다. 적색 등이 명멸하는 터널, 그 출구는 아직도 보이지 않는다.

도루묵

오늘도 또 그 전달 메일을 받았다. 세상의 화제가 되는 내용을 이메일로 보내는 그분은 발신 날짜를 꼭 1969년 12월 31일 오후 4시로 정해 보낸다. 처음엔 호사가의 말놀음이거니 넘겼는데, 자주 접하다 보니 문득 그 시간에 생각이 머물게 되었다.

그 시간 속에서 나는 뭘 하고 있었을까? 69년이면, 학교를 늦게 들어갔으니까, 대학 2학년이었을 테고, 12월 31일이면 섣달 그믐날이니, 학교 갔다 집에 돌아오는 버스 안이 아니었을까? 아마 그때 집에선 내가 만들어야 할 몫의 만두 반죽과 속을 함지박에 담아 놓고 기다리는 중이었을 것이다. 거기에 짐작이 미치자, 기억의 귀퉁이가 재빨리 허물어지기 시작했다.

그때 가족만 열한 명이었다. 아버지, 어머니, 동생 둘, 큰오빠 내외, 조카 셋, 작은 오빠. 그때 막내 조카 석원인 태어나기 전이었다. 그리고 가게에서 일하는 사람 둘. 만만치 않은 이 숫자에 근처 사는 언니네 가족 여섯까지 합치면 전 가족이 모여 식사 한 번 하는 일은 다른 집 잔치 수준이었다.

하니까 음식 장만의 수고는 어머니와 올케 손만으론 벅찼다. 두
분 손에 내 손까지 가세를 해야만 했다. 삶의 궁극점에 대해
생각하느라 머리가 지구처럼 무거워 보이는 친구가 가사 노동에
시달린다는 걸 그 시절 아무도 믿으려 하지 않았다. 명절이 되면
집에 일찍 돌아가야 하는 이유는 이래서였다. 친척들이 와서
도와준다해도 내 일은 따로 있었다. 학보사 일이 오밤중에 끝나도,
집에 돌아가면 내가 만들어야 할 몫의 송편 반죽, 만두 반죽
덩어리가 말없이 기다리고 있었다. 할당량을 채우려 날밤을 새운
적도 있었다.

그러니까 신정 구정 추석 명절 아침엔 지난밤의 가사
노동(?)으로 늘 몸이 처져 있었다. 먹는 일이 늘 성가셨다.
그래서인가? 먹는 일은 지금도 성가시다. 위가 섭섭해하지 않을
만큼만 섭취하면 되는 것을. 먹는 일은 본질을 놓치게도 하잖나.
하지만 먹는 재미로 사는 사람도 있는데, 먹는 게 성가시다니,
다른 사람에겐 이게 상식에서 벗어나는 일일 수도 있다. 그래서
가끔 난 비상식적인 사람 취급을 받기도 한다.

이렇게 먹는 일을 하찮게 알던 내게 요즘 변화가 일어났다.
이제야 철이 들었나? 봄철이 되어 돌나물을 보면 어머니 생각이
난다. 겨울철에 파강회를 먹게 되면 큰오빠 생각이 난다. 격렬하게
운동을 많이 하던 오빠는 고3이 되자 입시 공부에 매달렸다.
하지만 갑작스러운 변화에 몸이 적응을 못 했던지 고3 시절
결석을 6개월 이상하게 되어 유급이 될 지경이 됐다.
기관지염으로 자리를 보전했던 것이다. 그때 그 병에 파강회가

좋다는 걸 들은 어머니는 오빠에게 그걸 거의 매일 해 주셨다. 그 겨울에 특히 많이 먹은 기억 때문에 지금도 나는 그 음식만 보면 그 시절 오빠 기억과 함께 그걸 먹게 된다.

어묵엔 밑의 동생 얼굴이 어른거린다. 날씨가 추워지면 언덕 밑 포장마차에 달려 내려가 뜨거운 국물을 훌훌 마시며 먹던 것. 동생은 지금도 그 시절 얘기를 한다. 그리움으로 돌아볼 수 밖에 없는 그 시간이었기에. 통닭에 대한 기억 또한 동생의 단골이다. 알코올을 전혀 입에 대지 못하는 그 애는 내가 통닭과 함께 맥주를 마시면 닭과 함께 절인 무만 집어 먹었다. 그래도 그게 좋았다고 지금도 노래처럼 말한다.

막내는 라면을 좋아했다. 월급 받는 날, 그 애 먹을 한 달 치 라면을 부엌에 들여 놓으면 그 애는 행복한 얼굴을 했다. 짜장 곱빼기를 보아도 그 애 생각이 난다. 가끔 짜장 곱빼기를 먹어 줘야 고3들은 기운이 나서 공부할 수 있다고 웃던, 천진하고 사랑스러웠던 그 애.

그럼 언니와 작은 오빠는 뭘 좋아했을까? 언니에 대한 기억은, 언니가 맛있는 걸 먹던 기억 보다 우릴 위해 맛있는 걸 만들던 기억밖에 없다. 작은 오빠 말에 의하면, 누나가 만든 거면 돌가루를 부숴 무쳐도 맛있다고 했다. 그 절대적인 신뢰는 우리 모두 마찬가지였다. 유난히 손이 큰 언니 손에 만들어져 나오던 갖가지 음식들. 흘러간 시간 속에 그리움으로 남아 있는 그 손맛은 사랑이란 이름으로 마음속에 새겨져 있다.

별명이 육법전서(六法全書)였던 작은오빠는 밥상에 앉으면 숟갈을 불빛에 먼저 비춰 보고 밥술을 뜨기 시작했다. 시금치에 대해 정신적(?) 알러지를 가졌던 오빠는 그 트라우마를 대부분의 음식에 적용했다. 객식구 많은 집에서 자랐다는 것은 치열한 생존 경쟁 속에서 자랐다는 걸 의미하기도 한다.

얼마 전 밑의 동생과 통화하던 날이었다. 거의 대화가 끝나가며 오늘 끼니는 무엇인가에 대한 애기를 주고받을 때였다. 그때 동생은 도루묵 먹을 거야, 했다. 도루묵? 까맣게 잊고 있던 그 이름에 나는 화들짝 놀랐다. 순간 몇 십 년의 시간이 두루루 말리며 그 시절이 다가들어 털썩 앞에 떨어졌다. 고추장에 졸이기도 하고 간장에 졸이기도 하고 석쇠에 굽기도 하고, 어쨌거나 아버지 진지상엔 떨어져선 안 되었던 도루묵. 그건 매일 삼 시, 상에 오르던 아버지의 필수품(?)이었다.

그거 아버지 좋아하시던 건데, 너 아직도 그거 먹니? 놀라는 내게 동생은 깔깔 웃었다. 그럼, 그게 얼마나 맛있는데. 아버지 생각나지? 내가 돌나물 볼 때마다 어머니를 생각하듯 동생은 아버지를 생각하며 도루묵을 먹어 왔구나. 동생의 대답을 들으며 눈물이 핑 돌았다. 그간 흘러간 시간 속에 묻혀 있던 상처와 고통, 노여움, 그리움, 따위가 혼합되어 액체로 흘렀다.

서둘러 나는 전화를 끊었다. 아무리 내가 먹는 걸 무시해도 결국 기억으로 들어가는 통로의 패스워드는 먹는 거로구나. 생존의 기억이란 먹는 것으로 남는 거로구나. 아무리 먹는 걸 우습게 알아도 결국 도루묵 되어 본능으로 돌아가는 거구나. 참!

이제 앞으로 또 많은 시간이 흘러 2012년 12월 12일을 회상할 훗날, 그때 나는 또 무슨 음식으로 이때를 회상하게 될까?

그림

그림

제 고향은 서울 도봉산입니다. 사실 북한산인지도 모릅니다. 제 주인은 등산길에서 저를 만났다고 했죠. 그 날 주인은 우이동 도선사 쪽으로 올라가 등반을 시작했다고 합니다. 그리고 도봉산 무수골 코스로 하산했기에 그 길 중 어디에서 저를 만났는지는 분명치 않다고 했습니다. 인수봉을 거쳐 우이암을 옆에 두고 만장봉까지 갔다가 무수골로 빠졌다고 하니까 아마 그 길 어디쯤이겠죠.

하긴 만난 장소가 뭐 그리 중요하겠습니까. 만남 그 자체가 요체이지요. 주인은 저를 보는 순간 머리를 얻어맞은 듯 멍했다고 합니다. 보통 꽃들은 장미, 백합, 해바라기, 함박꽃, 목련, 벚꽃, 등등과 같이 탐스러운 꽃송이들을 달고 있죠. 또 조촐하게 보이는 꽃들, 가령 민들레, 데이지, 도라지꽃, 심지어 나팔꽃까지도 저에 비해 꽃송이들이 커서 저보단 탐스럽게 보이죠. 하지만 저는 그보다도 크기가 훨씬 작습니다. 그도 그럴 것이 제가 꽃을 피우는 시기는 이른 봄입니다. 추운 겨우내 땅속 깊이 뿌리를 박아 힘겹게

물도 끌어 올려야 하고, 마른 나무가지에 걸려 더욱 엷어진 해를 더 많이 받느라 목을 빼, 다른 꽃들 보다 백 배는 더 노력을 합니다. 작다고 쉽게 꽃을 피울 수는 없었어요. 그러니까 비록 작지만 죽을 힘을 다해 피워 올린 꽃입니다.

백 원짜리 동전 한 개 크기에 세 송이를 넣어도 자리가 남을 만큼 저는 작습니다. 그렇게 작은 것이 개나리도 진달래도 피기 전인, 아무도 보아주지 않는 깊은 산 속에서 홀로 하얀 꽃을 피워 한세상을 이루고 있는 모습이 놀라웠다고 훗날 주인은 말했습니다. 아직 나무들이 삭정이로 보이는 이른 철에 흰 무더기 꽃판과 맞닥뜨린 순간 그 생명이 타오르는 소리를 들었다나요. 존재에 대한 충격이 오래 남았다고 했습니다.

생활과 마찰을 일으킬 때마다 등반을 하던 주인은 몇 년 뒤, 거처를 뉴욕으로 옮겼습니다. 소위 이민을 한 거죠. 식물도 자리를 옮기면 뿌리가 땅에 적응하느라 몸살을 앓죠? 하물며 사람이 삶의 둥지를 옮겼는데, 얼마나 충격이 컸겠습니까. 통하지 않는 언어, 낯선 문화. 몸살을 앓을 때마다 주인은 제가 생각났답니다. 손님과 싸우다, 차이니스(?)는 차이니스 나라로 돌아가라는 말을 들을 때, 차이니스라서 냄새가 난다는 말을 들을 때, 폭력에 맞닥드렸을 때, 가게 임대 재계약을 거절 당했을 때, 주인은 저를 가슴에서 불러내곤 했습니다. 저를 처음 만나던 순간 벼락을 뒤집어 쓴 듯 했던 그 체험, 즉 감동을 되살려, 보잘 것 없이 작은 야생의 풀도 제 자리를 찾아 아름다운 꽃을 피워 존재를 알리는데, 사람이 되어 존재를 확보하지 못한다면 말이 안된다고 각오를 새롭게 했다죠.

그런 주인은 고향이 도봉산 무수(無愁)골이라고 합니다. 도봉산 기슭 태생이기에 세상과의 불화를 산행으로 이겨냈나 봅니다. 그랬기에 이역 생활을 하면서도 낯익은 것이 사무칠 때, 머리 파묻고 울고 싶을 때, 두고 온 땅이 그리울 때, 무엇 보다도 도봉산이 오르고 싶을 때, 주인은 머릿 속에 기억으로 남아 있는 저를 불러냈겠죠. 그러니까 말하자면 저도 주인과 함께 이민을 온 겁니다.

주인은 여기서 27년을 살았습니다. 그러니 저도 이민 27년 째라 할까요. 말하자면 제가 주인의 심상(心象)에 들어와 함께 기거하며 27년을 산 거랍니다. 오로지 하늘만 바라보며 산 속 공기를 호흡하던 제가 주인의 가슴에 들어와 수명(壽命)을 얻은 거죠. 저는 하나의 존재가 되었습니다. 그리고 우리는 서로 도봉산을 그리워하며 27년을 보냈습니다.

그러기에 주인은 지금도 고국에 대한, 젊은 날에 대한 그리움이 물안개처럼 피어 오르면 저를 불러내 말을 걸며 심사를 다독이곤 합니다. 그리움을 마음 속에 그려 보는 것, 그리워서 그림일까요? 그것을 마음 속에 그려 보아서 그림일까요? 어쨌거나 변하지 않는 것은 그리움 뿐입니다. 그리고 누군가 말했듯이 변하지 않는 것은 별이 됩니다. 27년이 지난 지금, 마침내 저는 주인의 별이 되었습니다. 먼 밤 하늘의 깜빡이는 별처럼 명멸하는 그리움. 영원한 그리움의 별. 그러지 않아도 제 이름은 지상(地上)의 별, 별꽃입니다.

느긋하게

햇빛은 따뜻하고 바람은 차가운 아침이었다.

청소는 설겆이 뒤에 하고,
빨래는 나갔다 와서 벗은 옷까지 한꺼번에,
어제 깜빡 잊은 샤핑은 청소 후에 나가고,
큰애 바지 틀어진 곳은 빨래 개킨 후에…
창 밖을 보니 꽃잎이 바람에 하르르 날리고 있다.
애들은 아래 층에서 블럭을 쌓으며 TV를 보고 있나 보다.
주위는 한없이 평화롭다.
정리되지 않아, 어지러진 침대마저 평화로워 보인다.
잠결의 손짓에 채여 엎어져 누운 알람 시계도 한가하다.
손 갈 일 없는 지금의 이 시간과 공간이 무엇과도 바꿀 수 없을
만큼 소중하게 느껴지며, 만족한 행복이 남실남실 귓전을 친다.
그때였다. 아침 먹자아―! 그러지 않아도 큰 남편의 목소리가
아래 층으로부터 휙 날아와 모든 것을 깨부쉈다. 아쉽다. 조금

망설이며 몸을 일으켰다. 몸 안 어디에선가 서둘지 말라는 신호를 보내온다. 어차피 오늘도 살고 내일도 살 삶인데 서둘러 일을 마친다고 해서 오늘의 시간이 늦춰진다 거나, 내일의 시간이 앞당겨질 것도 아니잖나. 다가오는 대로 살아내면 되는 것이 생활이다. 왜 저리 서둘까. 작은애 우유통 어딨어? 커피 컵은? 남편의 다음 질문이 날라왔다. 어제 마시고 둔 거 여기 있어. 가지고 내려 갈게. 왠지 나른한 느낌에 천천히 일어섰다. 오늘 입고 나간다고 한 티셔츠 빨았어? 남편의 세 번 째 질문이 날아왔다. 아차! 어제 한 빨래, 아직도 건조기 속에 있잖아. 갑자기 혈관을 도는 피의 속도가 빨라진다. 이 사실을 알면 남편이 분명 화낼 터인데. 응, 빨았어. 대답이 시원치 않았나, 그의 발걸음 소리가 쿵쿵 계단을 올라왔다. 많이 피곤해? 문 열고 머리를 들이미는 그의 얼굴에 짜증이 스치고 있다. 조금. 그러면 빵은 내가 구울께, 계란 후라이나 해. 고마워. 돌아내려 가려던 남편이 다시 묻는다. 돌잔치 집에 가지고 갈 선물 사 뒀어? 오늘 사러 가려고. 움추러드는 대답에 그의 얼굴이 확 구겨진다. 오후 4시까지 오라고 했잖아. 언제 사러 가? 점심 먹고 가면 되잖아. 서둘지 마. 좀 느긋하게 살자. 느긋하게? 애들 낮잠은 언제 재우고, 언제 점심 먹고, 언제 사러 가? 험상궂은 얼굴이 된 남편이 버럭 소리를 지른다. 전투를 불사하겠다는 그 익숙한 얼굴. 평화롭던 감정의 질서가 한꺼번에 무너지며 머릿속이 뒤죽박죽된다. 타래에 감긴 철조망이 두루루 풀려 헝클어진 형상 위에 엑스 자(字)를 콱 지른 그림이 눈 앞을 꽉 막는다.

일광절약 시간이 싫다. 시계는 일곱 시이건만 해는 중천 마냥 환하다. 머릿속이 복잡해진다. 오늘은 휴일, 또 무슨 일을 해야 하루가 끝나나? 예정된 삶만큼 예정된 일은 치루어내야겠지.

그는 조심스럽게 침대를 빠져 나왔다. 아내는 푹 잠들어 있는 모습이다. 어쩌면 잠의 끝을 즐기고 있는지도 모른다. 그는 잠시 의자에 앉아 턱을 문지르며 일과를 정돈해 본다. 어제 꼽아본 순서대로 오늘 할 일을 되짚어 본다. 며칠 내 오던 비가 겨우 그치고 해가 난 날이니 빗물 받아내는 홈통을 살펴 봐야겠구나. 그리고 마당도 손 봐야 하고, 집 주변도 돌아 봐야 한다.

오후에 해도 되는 일이었다. 그러나 그는 옷을 갈아 입고 현관 문을 열었다. 그리고 겨우내 내린 비를 받아내 준 빗물 홈통을 살펴 봤다. 낙엽과 꽃잎들이 얼키고 설켜 물의 흐름을 방해하고 있다. 차고를 열고 막대기를 찾아낸 그는 장애물이 된 그 덩어리들을 제거하여 물길을 터 줬다.

마당은 이웃에서까지 날라와 쌓인, 죽은 꽃잎들의 세상이었다. 어떤 형태든 죽음은 존중 받아야 한다. 그는 부고조차 보낼 데 없는 그 꽃잎들의 주검을 조심스럽게 쓸어 담아 쓰레기통에 안장했다.

뒷마당 잔디에는 잡초가 얼굴을 내밀고 있었다. 그는 그 잡초도 하나하나 손으로 제거했다.

그리고 집 안으로 들어와 부엌엘 갔다. 식기 세척기에서 간밤에 넣어 둔 그릇들을 꺼내 찬장 제 자리에 넣었다. 그때 아이들이 저희들 방에서 내려왔다. 아빠아! 그는 아이들 뺨에 뽀뽀를 해 줬다. 그리고 그들에게 블럭 쌓기를 시키며, 커피 머신에 물을 채웠다. 시계는 아홉 시 반을 보여주고 있다.

이제 아내가 일어나면 아침을 먹고,

그 뒤 청소를 하고,

아이들 낮잠을 재우고,

돌잡이 집에 가면 될 것이다.

커피 머신을 작동시킨 그는 뒤미처 TV 버튼도 누른다. TV는 여러 리포터가 차례대로 등장하여 간밤의 복잡했던 세계 뉴스를 토해내고 있다. 그러나 그는 진행 중인 TV 뉴스와 집안 가득 퍼지는 커피향을 즐긴다. 평화롭게 아침을 즐긴다. 느긋하게.

햇빛은 곰살맞게 따뜻하고 바람은 이성을 깨우기 알맞게 차가웠다.

이렇게 서로 다른 상황이 새로운 상황을 연출해 조화를 만드는 아침, 나는 그런 시간을 사랑하고 서로 다른 점을 조화 시켜 나가는, 그런 사람들의 세상을 사랑한다.

박하사탕

길음시장 앞에서 버스를 내리기로 한다. 돌산까지 걸어야 하리라. 그 시절 걸음 속도라면 오십 분 남짓은 족히 걸어야 할 것이다.

길 어구로 들어선다. 양쪽으로 함석 빈지를 지른 가게들이 흘립해 있다. 몇 걸음 옮기다 보니 왼쪽으로 한양양조장 안이 들여다보인다. 열 말들이 술독들이 두 줄로 도열해 있다. 양조장 바닥은 알게 모르게 흘린 막걸리 자국들로 더께가 앉아 있다. 그 더께만큼의 농익은 술 냄새가 혹 풍겨 온다. 기억 속에 새겨진, 익숙한 냄새다. 그리고 한양 조씨 조 사장, 그 부인, 아들의 모습이 얼비친다.

그때 조 사장 아저씨, 그분은 어머니와 본관이 같아, 어머니를 누이라 부르며 우리에게 인심이 후했지. 그래서 언니는 점심거리가 없을 때, 툭하면 여기까지 내려와 재강을 얻어 갔다. 그리고 사카린을 넣어, 푹푹 끓여 점심으로 줬어. 전쟁 뒤의 추운 겨울날, 술 냄새가 풀풀 풍기는 뜨거운 재강 한 그릇은 황홀한

226

점심이었지. 실제로, 일곱 살이었던 육촌 언니는 그 재강 한 그릇 얻어먹고, 취한 나머지 외할머니를 고양이라고 두들겨 팼어. 훗날 두고두고 놀림 받은 건 불문가지. 어쨌거나 끼니가 간 곳 없던 그 시절, 먹을 수 있었다는 건 내 위(胃)에겐 무척 흐뭇한 기억일 게야.

길을 조금 더 오르면 오른쪽으로 작은 다리가 나온다. 그래 동네 이름이 작은다리께지. 그곳은 갈래길이야. 왼쪽으로 난 골목길을 올라가면 정릉으로 넘어가는 산, 오른쪽으로 개울을 건너 내려가면 미아시장이 나와. 그냥 주욱 올라가면 돌산이었지. 이런 사통팔달에 술집이 없을 수 없어.

왼쪽, 골목 모퉁이에 얼금얼금한 지붕을 이고 자그맣게 앉아 있는 술집. 그곳은 어둠에 갇혀 있다. 유년이 함몰당한 현장. 내가 태어나던 날이었어. 지금 짐작해 보면 조산아 비슷한 거였을까? 미처 미역을 준비하지 못했는데, 아이가 나오려 했다지. 다급해진 할머니는 아버지에게 미역을 사오라 하셨고, 그 일이 저녁나절이었건만, 밤이 지나 새벽이 되어 아이가 태어났는데도 아버지는 돌아오지 않으셨대. 할머니는 산모에게 무국을 끓여 먹인 뒤, 미역 사러 간 사람을 찾아 나섰고, 그 술집에서 자고 있는 아드님을 발견하셨다나. 생일만 돌아오면 그 기막힌 정황을 말씀하시던 할머니. 그 얘기만 들으면 난 기분이 썩 좋지 않았어.

그 후 다섯 살 되었을 때 우리 집에선 그 술집을 이용산의 술집이라 불렀어. 그리고 그 집 젊은 여자를 이용산의 딸이라 불렀어. 왜 그 여자의 호칭에 친정아버지가 들어가 있는지, 이유는 모르겠어. 어쨌거나 그 여자는 아버지의 첩이었어.

그 무렵 아버지는 큰 시장에 가서 그 여자와 살림도 차렸지. 그때 큰 시장은 미아시장이었고, 작은 시장은 길음시장이었어. 미아시장은 일제로부터 이어 내려오는 공설시장이었고, 길음시장은 막 생겨난 사설시장이었기 때문이야. 황토가 그대로 드러난 그 벌거숭이 시장과 미아시장의 복잡한 풍경이 중첩되어 보이다 사라진다.

그 작은다리께서 돌산을 향해 조금 더 올라가 보자. 거기엔 약국 등이 있다. 그리고 게서 좀 더 올라가면 왼쪽에 큰댁이 있다. 미아리 고개 너머 제일 큰 기와집, 아흔아홉 간의 대저택이다. 그때까지 양반(?)이셨던 백부(伯父)는 고향인 도봉산 무시울 (무수골) 전답을 모두 팔아 여기로 솔가하셨대. 그래서 중부 (仲父)는 고향에 남으셨지만, 우리는 백부 따라 기루묵골로 이사했다지. 돌산에서 내린 물이 내(川)가 되어 정릉천까지 길게 이어지기에, 길어서 기루묵골인 길음동. 내 탯자리는 큰댁 맞은 편, 섶다리 건너 냇가 오른쪽이다. 내가 태어나던 해 여기로 이사했다고 해.

그 집 대문을 나서, 개울 아래로 내려가 보자. 거기엔 빨랫돌들이 박혀 있고, 흐르는 맑은 물에 빨래를 활활 흔들어 헹구던 언니와 어머니와 당숙모들이 이야기꽃을 피우고 있다. 시간을 건너, 바람을 타고 들려오다 흩어지는 그들의 청량한 음성. 거기에 귀 기울이다 다시 발걸음을 떼어 보자.

돌산 바라기를 버리고, 대문 앞에서 이번엔 왼쪽으로 몸을 돌려 오촌 당숙들이 사셨던 골목길을 내려간다. 소꿉장난과 줄넘기

228

하던 또래들의 와자지껄한 음성이 낭랑하다. 그리고 깊고 서늘한 그 길은 누가 쓸었는지 정갈하다. 죽었다고 떠메고 나가던 관이 대문에 부딪히니까, 아버지! 부르며 다시 살아났다던 정자 언니 어머니가 그리 부지런히 쓸었을까? 언니 친구, 정자 언니 어머니는 집 안팎을 앉은 자리 풀도 안 나게 깨끗이 쓸고 닦아, 손(孫)이 논다고 어른들이 수군거렸어.

그 집을 지나면 이번엔 구멍가게다. 입구 좌판엔 두부, 콩나물, 감자, 양파, 따위가 놓였다. 그 안 쪽으론 실타래 고무줄 또뽑기 등이 걸렸고, 온갖 잡화가 가지런히 정리되어 있다. 그중 두드러지게 보이는 건 큰 사탕 통들이다. 옥춘만큼 큰 사탕이 있는가 하면, 그땐 미루꾸라 부르던 밀크 캐러멜, 호떡, 박하사탕도 있다. 박하사탕은 입에 넣으면 입안이 환해진다. 그래서 또래들은 박하사탕을 입에 넣으며, 화아ー, 화아ー, 코로 숨을 들이마심과 동시에 입으로 소리를 낸다. 육촌들과 고무줄놀이 하다 뛰어들어가 그 박하사탕 통 속에 손을 넣어 보자. 선명하고 민감하게 그 시절이 만져진다. 간지럽다. 그러면 주인은 박하사탕보다 더 시원한 웃음을 띠며, 천천히 해라, 이른다.

그의 웃음은 환하다. 음성은 조용하다. 마음은 따뜻하다. 그리고 늘 깨끗하다. 그는 매일 희디흰 러닝셔츠를 입고 있다. 항상 갓빨은 듯한 러닝셔츠. 영롱한 비눗방울 속 세상처럼 떠오르는 그 시절 기억은 그래서 언제나 그의 정갈한 모습과 함께 떠오르곤 해. 그러나 늘 그늘져 시원했고, 마음이 편해져 따뜻했던 그 가게 앞의 평상 위에 앉아 있는 그는 왠지 외로워 보인다. 슬퍼 보인다. 그때 그의 늙은 어머니는 아들의 결혼이 늦어져 성화대고 있었지. 그는 꼽추였다.

명(明)과 암(暗)이 교차하여 내 삶의 원형이 된 그 골목길. 지금은 없는 동네. 요즘 거기는 아파트촌이 되었다. 그리고 다닥다닥 간판을 맞대고 이어진 가게들로 해서, 더는 비집고 들어갈 자리가 없는 상가 지역이 되었다. 색시 방에 불 켜라, 신랑 방에 불 켜라, 갖고 놀던 명아주 따위는 예전에 이미 사라지고, 이젠 풀 한 포기 없는 민둥길이 되었다. 그래서 내 추억의 행보는 여기서 저지당하고, 기억은 정지 화면으로 멈춰 페이드아웃되고 만다.

영화 <박하사탕> 마지막 장면, 지친 설경구는 철로길 위에서 과장된 몸짓으로 외쳤다. 나 돌아갈래! 그러나 기차 머리는 늘 앞을 향해 있어. 상행선이든 하행선이든. 하기에 그 장면은 코미디처럼 느껴지기도 했어. 그러니 이 순간 그렇게 외쳐 봤댔자 또한 코미디가 되겠지? 하지만 꼽추 아저씨의 환한 미소와 새하얀 러닝셔츠 덕으로, 그 골목은 박하 맛처럼 화아―하게 살아나, 순간순간 굴곡지는 삶에 감미(甘味)가 되어 준다. 어둠을 물리치는 환한 빛처럼.

쌀의 속살

세계 9대 무역국 "우뚝"

지난 1962년 1월, 박정희 정권은 제 1차 경제 개발 5개년 계획을 발표하며, '수출 보국'의 기치를 높이 들었다. 한국전쟁 이후 가난에서 벗어나기 위해 수출 확대는 절체절명의 과제였다. 당시 수출 규모는 5,600만 달러, 무역액은 4억 7,800만 달러, 품목은 철광석, 오징어, 등이었다.

하지만 반세기가 흐른 2011년 12월, 연간 수출이 5,000억 달러를 넘었고, 무역 규모도 1조 달러를 돌파하는 등 새로운 이정표를 세웠다. 무역의 크기가 50년 사이 2,269배나 급증한 것이다.

세계에서 무역 규모 1조 달러를 돌파한 곳은 지금껏 미국 독일 중국 일본 프랑스 이탈리아 영국 네덜란드 등 8개국뿐이다. 우리를 10대 교역국 파트너로 삼고 있는 국가도 1980년 7개국에서 지난해에는 52개국으로 늘었다. 올 들어 유럽 재정

위기 사태로 글로벌 금융 위기가 지속되는 상황에서 수출과 무역 규모가 상향 곡선을 이어가는 것은 더욱 고무적이다.

무역 규모도 급증하고 있지만 성장 속도는 더욱 돋보인다. 이미 무역 규모 1조 달러를 달성한 8개국의 경우, 무역 5,000억 달러에서 1조 달러를 넘어서기까지 평균 8.4년이 걸렸으나 우리는 6년에 불과했다. 다른 국가들보다 2년 이상 앞당기며 압축 성장을 이룬 것이다.

시대별 주요 수출 품목을 보면 상전벽해를 실감할 수 있다. 1960년만 해도 생사와 텅스텐, 오징어, 등이 주요 수출품이었다. 1970년 1~3위 수출 효자 종목은 섬유, 합판, 가발이 차지했다. 특히 당시 가발은 한 해 9,000만 달러어치나 해외에 팔려 나가며 전체 수출에서 차지하는 비중이 10.8%에 달했다. 1980년에는 의류와 철강판 신발 등이 주를 이뤘고 1990년대에 들어서야 반도체(507억 달러), 선박(491억 달러), 자동차(354억 달러)가 차지했다. 40년 만에 가발 철광석 합판이 IT와 선박 자동차 스마트폰 등으로 탈바꿈한 셈이다.

— 모 일간지에서 발췌 인용

말년 병장, 부대에서 휴대폰으로 기념사진 찍다가

요즘 포털사이트 일베(일간 베스트)에선 '영창 보내기'란 게시물들이 논란이다. 대개 '영창'이란 머리글자로 시작하는 게시물들로, 휴대 전화를 몰래 반입해 부대에서 사진을 찍은 말년 병장 등의 페이스북을 찾아내 캡쳐를 뜬 뒤, 국민신문고를 통해 신고하는 방법이다. 국민신문고의 경우 해당 부대에서 조처를 한 뒤 그 결과에 대해 민원인에게 통보해 줘야 하기 때문에 부대 내에서 용서해 주거나 훈방 등을 할 수 없다.

이에 인터넷 유저들은 '영창 잘 가라' 등의 반응을 보이거나, '군사 보안 의식이 약한 군인이 잘못'이라는 주장과 '추억을 남기고 싶어하는 말년 병장들에게 너무 가혹하다'는 반응도 보인다. 김민석 국방부 대변인은 이에 관해 '원칙적으로 군사 시설은 촬영 자체가 불법이고, 이를 소셜 네트워크 서비스에 올리는 것 자체도 말이 안 되는 행동으로, 처벌을 피할 수 없다'면서 '지속적인 SNS 가이드라인 배포를 통해 군사 보안을 잘 지키도록 하고 있다'고 강조했다.

—모 인터넷 신문에서 발췌 인용

"내 딸을 종이컵처럼 쓰고 버려"

26일 오전 국회 의원회관에는 삼성전자 계열 공장에서 일하다 갑작스레 병을 얻은 사람들과 그 가족들이 모였다. 심상정 통합진보당 의원이 주관한 '삼성 백혈병 직업병 피해자 증언대회'가 열렸기 때문이다.

이날, 일류 기업에 들어갔다고 자부하던 딸 한혜경(35) 씨에 관해, 김시녀 씨는 '우리 딸은 건강할 때 삼성전자 LCD기흥 공장에 입사해 일하다 병들었다. 그런데 사람을 한 번 쓰고 마는 종이컵처럼 버렸다.'고 증언했다. 입사 후 창문도 없는 방에서 종일 일해야 했던 딸은 곧 회의를 느꼈다고 한다. '씻고 또 씻어도

233

몸에 밴 화학 약품 냄새는 사라지지 않았고 생리까지 멎었다. 입사
6년 뒤 딸은 회사를 그만두었고, 4년 뒤 뇌종양 진단을 받았다.
수술은 성공했지만 세 살짜리처럼 기저귀를 채우고 물병에 빨대를
꽂아 써야 한다. 잃은 게 너무 많았다.'라고 김 씨는 오열했다.

　1993년부터 만 5년 7개월 동안 삼성전자 온양 반도체 공장에서
납과 화학 약품으로 반도체 도금 작업을 했던 송창호(43) 씨는
지난 2008년 악성 림프종 진단을 받았다. 같은 공장에서 납
공정을 했던 김지숙 씨는 재생불량성빈혈을 얻었고, 지난 4월
생존자 중 최초로 산업재해 승인을 받았다. 2008년 불승인 판정을
받은 송씨는 현재 근로복지공단을 상대로 행정 소송을 진행하고
있다.

　고3이던 1997년, 온양 공장에 입사한 고 이윤정 씨는 2003년
퇴사할 때까지 반도체 칩을 고온에서 시험하는 공정에서 일했다.
이 씨는 2010년 악성 뇌종양 진단을 받았고, 지난 5월 33세로
숨졌다. 아내의 투병 생활을 증언하던 남편 정희수 씨는 '제발
애들 공부만큼은 잘 시켜 달라. 애들이 공부를 못해서 공장 다니는
건 싫다'던 아내의 유언을 전하다 고개를 푹 숙였다.

　20년 넘게 삼성 SDI에서 일하다 2009년 급성 대동맥 박리
진단을 받은 정기운(41) 씨는 두 차례 산재 신청을 했지만 불승인
판정을 받아 행정 소송을 진행 중이라며 '모두 산재 인정받고
건강하게 살아가길 기원한다'고 말했다.

　삼성 백혈병 직업병 문제 해결에 앞장서 온 황상기 씨와 정애정
씨도 참석했다. 황 씨의 딸 고 황유미 씨는 2003년 삼성전자 기흥

반도체 공장에 입사해 2년 만인 2005년 백혈병이 발병했고, 2년 만인 2007년 세상을 떠났다. 23세였다. 1995년 같은 기흥 공장에 입사했던 정씨는 그곳에서 남편 황민웅 씨를 만났고, 그 곳에서 남편을 잃었다. 그 역시 백혈병이었다.

두 사람은 이날 다른 피해자들과 함께 근로복지 공단의 산재 인정, 삼성의 행정 소송 개입과 산재 은폐 중단, 삼성과 정부의 투명한 진상 조사 정보 공개, 정부의 대책 마련 등을 촉구했다.

현재 민주통합당과 통합진보당 소속 국회 환경노동위원들은 쌍용 자동차와 함께 삼성 백혈병 직업병 해결을 위한 소위원회를 구성하자고 요구하고 있다. 이날 증언대회에는 통합진보당 김제남 박원석 이상규 의원 뿐 아니라 새누리당 소속 송광호 서용교 김상민 의원도 참석했다. 하지만 새누리당은 26일 환노위 전체회의에서 '아직 정확한 현황이 파악되지 않은 상황에서 소위를 구성하면 정치적으로 갈 수 있다'며 소위 구성에 난색을 표했다.

—모 인터넷 뉴스에서 발췌 인용

이 모 씨는 스마트폰 전도사(?)다.

그는 일상 교제는 물론, 상거래, 오락, 검색, 독서, 문학 작품 쓰기, 등 그야말로 스마트하게 이것을 이용한다. 오늘의 사람들에게 이것이 없다면 생활이 안된다고 활짝 웃는다. 그리고 단순한 통신 수단을 넘어 자신의 분신이 된 애물(愛物)을 오늘도 자랑스럽게 쓰다듬는다.

교회 생활을 하는 그는 알고 있다. 벨기에 브뤼셀에 있는 용량 큰 컴퓨터의 이름이 더 비스트인 것을. 하지만 그는 컴퓨터는 컴퓨터고 스마트폰은 스마트폰이라 생각한다.

뿐만 아니라, 만나는 사람마다에게 그것을 내보이며, 편리한 그 기능을 설명한다. 그리고 일단 구입해 볼 것을 권한다. 삶이란 얼마나 감질나게 간절한 것인가. 더욱이 이역 생활은 수시로 영혼을 구멍 나게 한다. 시시로 찢기는 영혼을 어디에 가서 쉬며 위로받겠는가. 이런 믿음(?) 가운데 미래의 이상을 그려보는 그의 앞길에 이것은 주욱 함께 하게 되리라. 현대 산업의 쌀, 반도체의 결정체 스마트폰은 그의 희노애락을 관리하는 영매(靈媒)가 되리라.

빛으로 짠 그물

머슴살이, 뻥튀기 팔아 번 돈으로 장학 재단

포항 시민 최상원 씨(79 포항시 북구 장성동)는 24일, 지역 인재를 양성할 상백장학회를 만들고 명예 이사장이 됐다. 상백장학회는 포항 지역 최초의 개인 장학 재단이다. 이날 포항 지역 고교생 40여 명이 장학금을 받았다. 머슴살이, 뻥튀기 장사, 건재상을 하며 힘들게 번 10억 원이 장학재단의 종잣돈이다. 이는 최씨와 지난해 교통사고로 세상을 떠난 그의 부인 백말순 씨가 온갖 험한 일을 하며 평생 모은 땀의 결실이다.

1934년 경주에서 6남매의 셋째로 태어난 그는 학교 문턱도 밟지 못했다. 15살에 머슴살이를 시작해 3년을 보냈다. 천성이 부지런해 머슴살이해 받은 돈으로 작은 밭 하나를 사서 큰집으로 넘겼다. 22살 때 중매로 두 살 아래 서울 처녀 백씨와 혼인한 뒤 곧바로 군에 입대했다. 부인 백씨는 서울에서 콩나물, 군고구마 장사로 생계를 이어갔다. 제대 뒤, 그들은 함께 닥치는대로 일했다.

그러나 살기가 어려워 제대할 때 받은 돈 3만 원과 쌀 두 말을 챙겨 포항으로 내려왔다.

부인은 미나리, 국화빵 장사를 하고 그는 빵 배달을 했다. 부부는 포항 북부시장에서 뻥튀기 장사를 크게 하면서 돈을 모았다. 59년 당시 10만여 원에 세 들어 있던 4평(13밀리제곱)짜리 가게를 샀다. 6~7년이 지나 뻥튀기 가게는 건재상으로 발전했다. 부부는 부지런함에다 장사 수완까지 더해 사업을 벽돌 굴뚝 공장으로 키웠다. 거기다 불국사 인근 집이 공원 개발로 보상을 받아 큰돈이 만들어졌다.

최 명예 이사장은 "아내와 15년 전부터 장학 사업을 논의했는데 먼저 가버렸다."며 "돈은 그 사람이 더 많이 벌었다."고 울먹였다. 그는 "평생 마음 한구석에 배움에 대한 갈망이 자리 잡아 어려운 환경 속에서도 학업에 몰두하는 학생들을 돕고 싶었다."고 했다. "장학 재단에서 배출될 인재들이 내 꿈을 대신 이뤘으면 한다'고 덧붙였다.

1남 2녀 자녀들도 아버지 뜻을 따랐다. 아들 용환(49) 씨는 아버지 이름과 어머니 성을 딴 상백장학회 이사장을 맡았다.

10/25/12 중앙일보 인터넷판에서 발췌 인용 (송의호 기자)

타워팰리스 노인에게 용돈 주는 '노령 연금'

윤희숙 한국 개발원(KDI) 연구 위원은 25일 '기초노령연금의 대상 효율성 분석과 선정 기준 개선 방안' 보고서에서 노령연금이 국민연금과 기초생활보장제도 간 사각지대를 해결하고 있지 못하고 있다면서, 기초노령연금이 부유층의 용돈으로 전락해 가고 있다고 꼬집었다.

기초노령연금은 만 65세 이상 전체 노인 가운데 소득 하위 70%에 주는 연금으로 매달 2만~15만 1,400원이 지급된다. 하지만 실제로는 고령자가 있는 가구 중 가구 소득이 최상위 10분위인 가구 절반 이상인 54.2%에 노령연금이 지급된 것으로 나타났다. 저소득층에 해당하는 4분위 수급률 58.1%와 별 차이가 안 난다. 2, 3분위 수급률도 각각 78.2%, 68.1%로 낮은 편이었다.

기초노령연금은 기초생활보장수급자 선정과 달리 부양 의무자 존재 여부와 이들의 소득이 반영되지 않는다. 단지 65세 이상 노인 부부의 소득과 재산이 기준이 된다. 부유한 자녀와 함께 안정된 생활을 하면서도 자신의 소득이 없다는 이유로 기초노령연금을 받는 사례도 있다. 더욱이 소득 하위 70%에 무조건 지급하다 보니, 정작 받아야 할 고령 빈곤층이 소외되는 결과가 되었다.

복지부는 지난 3월 서울 강남구 도곡동 타워팰리스에 거주하는 65세 이상 노인 961명의 기초노령연금 수급 여부를 조사했다. 그 결과, 5.6%인 54명이 노령연금을 받고 있다고 밝혔다.

윤 위원은 "이는 복지부가 노인 인구 대비 70%라는 목표 달성을 위해, 하위 70%보다 부유한 노인 가구까지 수급자에 포함한 탓이다"라면서 "고소득 가구 고령자들이 공공부조제도인 노령연금을 받는 것은 재분배원칙에 맞지 않는다"고 지적했다.

제도 자체의 맹점에 따라 빈곤 가구의 소외를 부추긴다는 비판도 제기됐다. 노령연금은 본인이나 자녀가 주민센터나 국민연금공단 지사를 직접 방문해 신청한다. 홀몸 노인의 접근성이 떨어질 수밖에 없다. 실제로 소득 4분위에서 고령자만으로 구성된 가구의 수급률은 35.7%에 그쳤지만, 자녀와 같이 사는 경우 81.1%로 훌쩍 뛰었다.

윤 위원은 "65~69세 인구의 극빈율이 2006년 9.4%에서 2011년 15.2%로 증가한 만큼 노령연금의 수급 대상을 빈곤 정도에 연동해야 한다"면서 "장기적으로는 노령연금 등 공적 지원을 늘리는 대신 국민연금 가입을 장려해야 한다"고 제안했다.

10/26/12 서울신문 인터넷판에서 발췌 인용 (이두걸 기자)

떠나고 싶어지면 가을이다

조인스 블로그에서 배상복 기자가 올린 사진을 보다 문득 놀라운 점을 발견했다. 사진은 주로 단풍 든 공원과 거리를 찍은 것들이었다. 단풍빛에 젖어 굽어드는 길. 단풍 속에 섞여 목을 뽑고 서 있는 높은 건물들. 단풍이 설핏 내려앉는 빈 벤치, 육교, 가로등, 그네, 놀이터, 유모차를 밀며 다른 한 손에 또 한 애를 잡고 걸어가는 애 엄마, 가을 한 줌 등에 지고 걷고 있는 노인의 뒷모습, 등등.

한데 그 사진의 중심은 그들이 아니었다. 빛이었다. 서로 부딪쳐 미세하게 반사하며 화면 전체를 가득 채우고 우주까지 퍼져 나간, 완성의 가을빛. 순간 나는 무의식적으로 중얼거렸다. 아! 도대체 빛은 인간을 어디로 인도하는 걸까? 구체적인 말로 옮기기 어려운, 그건 충격이었다.

우리는 그저 사물에 불과할 뿐이며, 그 사물들을 풍경으로 이뤄주는 것은 빛이다. 빛이 감싸 안아 주어야 존재는 존재한다. 고귀한 삶, 비루한 삶, 보람있는 삶, 누추한 삶, 정치가 포용하지 못한 삶까지, 가을빛은 모든 것을 낱낱이 들어낸다. 그리고 초라함과 부끄러움을 느끼게 하고, 나아가 그 빛은 사랑으로 사물을 감싼다. 빛이 감싸야 존재가 존재로 인정받듯, 삶도 인간의 향기가 감쌀 때, 인간다워지는 거겠지. 도대체 이 빛은 어디서 오는 것일까?

어디에서도 보이지 않는 주재(主宰)의 손이 그물처럼 우주를 크게 감싸고 있단 사실이 너무도 선명하게 느껴지는 사진. 나는 인터넷 검색을 멈추고 자꾸자꾸 그 사진을 들여다보았다. 존재를 존재로 드러내게 하는 은혜의 빛을 응시했다.

바람의 품성

모르는 사람을 이유 없이

울산 남부 경찰서는 상가 건물 3층 엘리베이터 앞에 서 있던 한 모(62) 씨를 살해한 혐의로 최 모(23) 씨를 조사 중이라고, 6일 밝혔다. 5일 오후 6시 35분쯤 울산시 남구 신정동 한 건물에서 흉기로 한씨의 가슴 등을 찔러 살해한 혐의다. 한씨는 과다출혈로 숨졌다. 최씨는 목격자 신고를 받고 출동한 경찰에 의해 현장에서 체포됐다. 검거 당시 최씨는 살해 현장 옆 사무실에서 무표정하게 앉아 있었다. 경찰은 숨진 한씨와 최씨는 서로 모르는 사이로 원한 관계가 없다고 발표했다.

경찰에 따르면, 최씨는 올 2월 대학 졸업 뒤, 대학에서 조교 일을 하고, 밤엔 부산 모 백화점 화장품 코너에서 아르바이트하며 생활해 왔다. 활발한 성격은 아니나 친구도 만나고 가족과 농담을 주고받는 등 평범한 생활을 했다. 그러다 올 9월께부터 달라진 모습을 보였다. 근무처가 폐점된 뒤 매장 재고가 맞지 않는다는 이유로 고소당해, 경찰 조사를 받은 뒤, 조교 업무를 소홀히 하고

멍하니 앉아 있는 모습을 자주 보여, 학교에서도 권고사직을
당했다.

최씨 어머니는 딸이 불안해 이달 초부터 자신이 일하는 건강
관리업체에 데려와 함께 지냈다. 그는 누구와도 대화하지 않고
판매점 내 사무실에 앉아 온종일 혼자 있었다. A4 용지에 그림을
그리거나 컴퓨터로 인터넷 쇼핑몰을 들여다보며 시간을 보냈다.
최씨의 어머니는 그가 원래부터 말수는 많지 않았지만, 일자리가
없어진 9월께부터 더 웃지도 않고, 묻는 말에 대답도 잘 안 했다고
경찰에서 진술했다.

최씨는 표정도 없이 경찰의 질문에 "예", "아니오"란 말조차
하지 않고 철저하게 묵비권 행사를 했다. 눈물을 흘리거나
심리적으로 불안한 모습도 보이지 않았다. 경찰은 살해 동기를
확인키 위해 심리 전문가를 불러 조사를 벌였다.

한 경찰관은 '피의자가 2개월 사이 일자리를 동시에 잃은
충격과 고소 사건에 연루된 일 등으로_정신적 장애를 일으켰을
가능성이 있다. 해리성 장애, 즉 다중인격장애를 겪는 것으로
의심된다.'고 말했다. 경찰은 최씨를 6일 오후 구속한 뒤 정신
감정 의뢰를 검토할 계획이다.

　　　―12/12/7 인터넷 중앙일보에서 발췌. 울산 김윤호 기자

그 자리에 영웅은 없었나

재미교포 한기석(58) 씨가 뉴욕 지하철역에서 숨진 사건과
관련해, 미국 사회에 자성론이 일고 있다. NYT는 5일(현지 시간)

한씨의 사망을, 내가 그 자리에 있었다면 어떻게 행동했겠느냐는 의문을 지울 수 없게 하는 사건이라고 보도했다. 나이 든 사람이 공공질서를 해치는 젊은 사람을 타이르다 시비가 붙어, 그 젊은이에게 밀려 선로에 떨어졌는데, 아무도 돕지 않은 사회는 윤리적으로 문제가 있다는 것이다.

한씨가 열차에 치이기 직전 모습을 찍은 뉴욕포스트의 프리랜서 사진기자 우마르 압바시도 사건 발생 당시 사람들의 무관심에 충격을 받았다고 밝혔다. 압바시는 방송 인터뷰에서, 한씨가 떨어지고 열차가 오기까지 주변 사람들이 그를 충분히 끌어 올릴 수 있는 22초의 시간이 있었지만 아무도 그런 노력을 하지 않았다면서, 한씨가 열차에 치인 뒤 승강장으로 끌어 올려지자 주변 사람들이 휴대 전화로 사진과 영상을 찍었다고 주장했다. 영국 일간 데일리 메일은 경찰을 인용해 한씨가 열차에 치이기까지 1분 이상, 최대 1분 30초 정도 시간이 있었다고 전했다.

압바시는 구조는 하지 않은 채 사진만 찍었다는 비난에 대해서는 당시 한씨와 수백 피트가량 떨어져 있어 방법이 없었다고 계속 항변해 비판을 받고 있다.

유족들은, 엄청난 충격을 받았다, 남은 가족이 정상적으로 지낼 수 있도록 프라이버시를 지켜 달라고 호소했다. 일부 언론은 한씨의 집 앞에서 잠복하며 유족이 나타나기를 기다리는 것으로 알려졌다.

한씨를 선로로 밀치고 도망갔던 나임 데이비스(30)는 5일 2급 살인혐의로 기소돼 조사를 받고 있다. 경찰 조사 결과 노숙자인 데이비스는 마약 판매 등으로 체포된 전력이 있으며, 사고 현장 인근 록펠러센터 주변에서 가판 심부름을 하며 생계를 유지해 왔다.

— 12/12/6 인터넷 한국일보에서 발췌, 이태무 기자

나뭇가지들이 바람에 찢겨 도로 위에 뒹군다.

지난밤, 바람 소리가 공중에서 무예를 겨루는 칼잡이들의 싸움처럼 들리긴 했지만, 이 정도일 줄이야. 마치 호기심이란 생체(生體)를 뜯어 먹고 사는 야생(?) 동물들의 전장(戰場) 같다.

나무가 빽빽한 클라하니 이면도로를 벗어나 차가 프리웨이로 들어서서야 겨우 마음이 진정됐다. 그간 바람은 고마운 것으로 생각해 왔다. 봄바람은 비를 불러 씨앗들을 깨워 생명을 길러냈다. 뒷마당의 선들바람은 지난여름을 견디게 해 주었다. 그리고 산불로 황폐해진 숲을 회복시켜 주던 남실바람, 어머니 손 같이 보듬어 주던 치유의 바람, 부족한 것은 채워주고, 남는 것은 회수하여 생명을 균등하게 해 주던 통섭의 바람. 그러나 바람의 다른 얼굴을 오늘 확실히 보게 됐다.

가차없는 파괴와 유린. 고기압이 저기압의 자리를 빼앗는 것이 바람이라면, 이 자연의 법칙은 한 치의 어김도 없는 냉혈 집행관이다. 하여 착한 저기압은 숨죽여, 고기압의 횡포에 입을 닫았다. 그 사이 결핍된 사랑과 상실, 무관심이 우리 곁을

휘몰아친다. 신풍조라고 이에 동조하는 신세대도 있다. 바람이 가져다주고 바람이 가져간 생(生). 우리를 만드신 그분은 당신과 같은 품성으로 우리를 만드셨다 했다. 하면 우리 속에 있어야 할 그분의 품성은 지금 어디로 갔나? 누가 그 품성을 빼앗아 갔나? 숲을 보듬는 치유의 바람은 어떻게 해야 다시 돌아올 수 있을까. 피할 수 없는 피조(被造)의 생이기에 핍진한 사랑을 갈구하며 그저 삶의 긴장을 견뎌야만 하나? 하염없이 우울한 날이다.

신생의 첫 인사

새해가 밝았다. 환한 해가 구석구석을 비췄다. 예년 같으면 빗속의 나날이어야 할 터인데, 비는 어디론가 꽁무니를 뺐는지 날마다 쾌청, 자유의 동산을 거니는 느낌이다. 이변이다. 이변은 이뿐 아니다. 며칠 지나자 안개가 몰려왔다. 안개 또한 물러갈 생각을 안 한다. 시커먼 실루엣으로 서 있는 나무들 주변을 핥으며 밤낮으로 맴돈다. 두꺼운 우윳빛 커튼으로 가려진 세상에 답답한 나머지, 달리 소일거리도 없어 인터넷을 열었다.

두 달 안 보이면 병원, 석 달 안 보이면 죽은 것

지난해 12월 6일 오후 8시쯤 서울 용산구 동자동 쪽방촌 101호에서 김모(72) 씨가 숨진 채 발견됐다. 그를 발견한 사람은 복지관 도우미였다. 이 도우미가 없었더라면 더 오래 방치돼 있었을지도 모른다.

한 달 전쯤인 지난해 10월 19일엔 김씨가 숨진 바로 옆 건물 102호에서 최모(71) 씨가 숨진 채 발견됐다. 그를 발견한 사람 역시 건물 관리인이었다.

기초생활수급대상자인 최씨는 한 달에 42만 원 정도를 받아 쪽방촌 집세 15만 원을 제외하곤 대부분의 돈을 술 사는 데 썼다. 하루에 소주 2~3병이 밥을 대신했다. 쪽방촌에 들어오기 전엔 공사장에서 막노동을 했지만 병이 들면서 그마저도 힘들자 아예 방안으로 숨어든 것이다.

근처 가게 주인 강 모(56) 씨는 "최씨가 쪽방촌에서 산 지 10년이 된 걸로 알지만, 누구와도 얘기한 걸 본 적도 없고, 찾아오는 사람도 없었다. 죽기 전 그는 거의 해골 같은 모습이었다."고 마지막 모습을 회상했다.

서류상 최씨의 연고자는 여동생 딱 한 명. 그에게 최씨의 죽음을 알렸더니 "어렸을 때부터 헤어져 살았고, 전혀 모르는 사람"이라는 대답만 돌아왔다. 용산구청 관계자는 "유족으로부터 시체 포기 각서를 받은 뒤 '무연고 사망자'로 화장 처리했다"고 설명했다.

50대의 한 쪽방촌 주민은 "두 달 안 보이면 병원에 가 있는 거고, 석 달 이상 안 보이면 무조건 죽은 거라고 보면 된다."고 담담하게 말했다. 동자동 쪽방촌 사랑방 마을공제협동조합에 따르면 지난해 쪽방촌에서 숨진 사람은 10명. 이 중 5명이 고독사로 숨겼다. 이태현 조합 이사장은 "고독사를 한 사람들 면면을 보면 자신의 처지에 수치심이 있어서인지 남하고 대화를 거의 안 한다. 외로움이 그들을 더욱 힘들게 하고 있다."고 말했다.

살아선 한 번도 교류가 없었던 두 70대 노인의 시신은 근처 대학병원 영안실에 안치돼 있다가 같은 날 화장됐다. 유해는 서울특별시 시립 용미리 무연고 추모의 집 납골당에 10년 동안 안치된다.

70년 넘게 살아온 두 노인의 유품들은 유품 정리 업체에 맡겨져 모두 폐기처분이 됐다. 살았던 방은 코를 찌르는 듯한 소독 약품으로 깨끗이 치워졌다. 마치 이 세상에 없었던 사람들처럼.

13/ 1/21 노컷뉴스 홍영선 기자의 글에서 발췌

댓글 중 하나; 자신이 소유하지 않은 것으로부터 행복을 찾으려 하면 인간은 불행해질 수밖에 없다. 살아 존재하고 있는 자체만으로도 행복을 느낄 수 있다면 외로움과 가난도 삶의 일부라는 걸 인정할 수 있을 것이다. 괴로움은 정해진 사실을 인정할 수 없는 고집으로부터 출발한다. 괴로워한다고 하여 변화시킬 수 있는 것은 아무것도 없다. 사회가 정해 놓은 행복한 삶의 기준에서 벗어났다 하여 자신을 그토록 자기 학대에 빠지게 하는 것은 결국 스스로의 아집과 고집 때문이다.

—Michelle Yun

절망하는 20대 화장한다고 가려지나
—장편 〈정크〉 펴낸 소설가 김혜나 인터뷰

"<제리> 속 주인공처럼 고교를 그만두고 아르바이트를 전전하며 매일 술에 취해 비틀댔어요. 그러다 어느 날 아침 술에 취해 새벽 첫차를 기다리며, "내 삶이 뭔가"라는 생각이 들었어요. 그러다 내리 6개월 소설책만 읽었죠. 그리고 다시 교육제도에 편입해, 대학에 가서 소설을 쓰기 시작했죠."

간절했지만 소설가라는 꿈은 쉽게 잡히지 않았다. 5년 동안 신춘문예에서 미끄러지기만 했다. 대학을 나와도 달라지는 건 없었다. 소설 속 청춘처럼 절망과 좌절에 허우적댔다. 우울증이 왔다. 그러다 요가를 하면서 마음을 다스리는 길을 찾을 수 있었다.

"욕망을 내려놓고 나를 세우니, 내 안에 빛이 있다는 걸 알게 됐어요. 우울증을 앓을 때는 세상이 나를 괴롭히는 것 같았는데 결국 삶을 어렵게 만드는 건 나 자신이더군요. 내가 변하지 않으면 세계가 변해도 의미가 없다는 걸 깨닫게 된 거죠."

그는 앞으로도 존재감을 상실한 20대, 좌절하는 젊음의 초상에 매달리겠다고 했다. ~ 이 젊은 작가, 참으로 집요하다.

        —13/1/22 조인스닷컴 하현옥 기자 블로그에서 발췌

인터넷 쇼핑을 중단하고 창밖 먼 데로 시선을 던졌다. 여전히 안개들이 뱀떼처럼 몰려다니고 있다. 홈싹 세상을 감싸 안고 있는 우윳빛 수분 덩어리들. 끊임없이 결집과 분산을 반복하는 그 유혹적인 입자들로 해서 세상은 가려져 보이지 않는다. 어떤 힘이 저것들을 그토록 모으고 흩트리는 걸까. 하지만 자세히 그 속을 들여다보면 꼬물꼬물 움직이는 것들이 희미하게 보인다. 입으로

하얀 김을 토해내며 걷고 있는 사람들. 목화꽃 송이 하나씩 입에 문 듯하다. 차들이 달리며 휘두르는 불빛들도 불명확하지만 보인다. 그 불빛들은 생을 직조하는 붓질처럼 보인다.

  이제 곧 일상의 비요일(雨曜日)들로 돌아갈 것이다. 그러면 비가 저 입자들을 씻어내리겠지. 만물의 복귀가 이루어지겠지. 집요하게 자신을 세우려는 생명들은 늘 거기 똬리 틀고 있다. 나 또한 역시 그들 중 하나일 것이다. 그러기에 이 한적한 시간, 안개에 묻혀 지워진 분들에게도, 당당하게 안개를 뚫고 솟은 젊은이에게도 인사를 보내고 싶다. 죽음으로부터 위로의 꽃 한 송이 솟아올라 마음을 밝혀 줄 것이라고.

견고한 시계

프랑소아즈 사강, 전혜린. 이들은 60년대를 지나온 사람들에게 잊을 수 없는 문화 아이콘이다. 특히 자유의 삶을 추구하던 여성들에게. 그러나 그 시대를 지나온 나는 사강의 작품을 읽어 본 적이 없다. 상품으로 날개 돋친 듯 팔리던 그녀에게 식상함을 느꼈다고나 할까. 하지만 전혜린에게 기울어져 가는 마음은 어쩌지 못했다.

전혜린에게 입문(?)하게 된 건, 고3였던 65년도의 어느 달 <여원>(女苑紙)에서였다. 그녀의 죽음에 관한 특집 기사가 별책 부록만큼 두꺼웠다. 이것을 학교 도서관에서 단숨에 읽고 났을 때, 놀라움으로 정신이 멍해졌다. 이런 사람이 있었구나. 이런 여자도 있었구나. 인식욕, 권태, 광기, 치열한 삶을 살아내야 한다, 절대로 평범해져서는 안 된다, 라는 말들을 새롭게 배운 순간이었다.

나는 앉지도 서지도 못하고 그 자리를 그저 맴돌며 그녀의 이름을 되뇌었다. 결국 그 여잔 죽지 않았는가. 여성을 가능한 한 비본질적으로 교육하기에 전력을 다해 온 사회와 가정에 의해 그녀는 죽지 않았는가. 여자로서의 한계를 새삼 깨닫게 된 나는 분노하며 그녀의 번역서와 수필집들을 닥치는 대로 찾아 읽게 되었다. 그리하여 그녀는 고통과 우울로 쌓아 올린 내 성장기 제단의 사제가 되었다. 부스스한 머리칼에 검은 옷을 입은 사제.

그 시절, 또 한 분의 사제(師祭)가 있었다. 장용학. 그의 <요한 詩集>이 준 충격을 어디에 비하랴. 자유 대신 눈을 잃은 토끼나, 고치를 짓지 못한 누에가 되어 버린 누혜의 비극. 내 힘으론 해결할 수 없는 삶의 본질, 벗을 수 없는 짐. 속에서 끓어 오르는 불화를 이겨내기 위해 나는 왕십리에서 미아리까지 걸어가기도 했다. 그랬기에 관념과 현실의 괴리를 헤쳐나갈 만큼 성숙하지 못했던 나는 통렬하게, 어두운 시간을 앓는 수밖에 없었다. 여자와 인간이란 명제 앞에 절망하면서.

남편은 혼자 여행을 떠났다. 그는 칠순 생일 선물로 한국 비행기 표를 원했다. 과거의 기억을 따라 내려가 성장기의 광맥을 캐고 싶은 사람처럼 일 년을 두고 그것을 노래(?)했다. 가족을 위해 35년을 헌신(?)한 사람인데 그쯤의 원도 못 들어주랴. 나는 크게 인심을 쓰기로 했다.

칠순인데 왜 부부가 동행하지 않고 혼자 가느냐고 주위에서 의아한 표정들이었다. 하긴 나도 처음엔 망설였다. 명색이 칠순인데 나란히 가야 그림(?)이 되지 않을까? 그래야 그의 반쪽으로 소임을 다하는 게 아닐까? 그러나 다음 순간 그것은 과시(誇示)라는 생각이 들었다. 그가 진정 원하는 게 무엇인지 아는 사람이 미련 떨 건 없지. 남 보기 좋으라고 서로 원하는 걸 잃을 순 없어.

여자 남자를 떠나 인간은 때때로 자신의 깊은 속으로 들어가 동면(冬眠)하기를 꿈꾼다. 그런 경우 내가 글쓰기 속으로 숨는 것처럼 그도 그런 시간을 원하는 것이리라. 내 자유로운 정신을 존중받고 싶으면 나 또한 그의 자유로운 영혼을 존중해야 할 터. 이런 내 신조(?) 때문에 결혼 초에도 그는 혼자 여행을 하기도 했다. 체질적으로 내가 너무 관념적인가? 흠ㅡ.

남들 시선이야 어찌 됐던 그래서 나는 가벼운 마음으로 그를 공항에서 전송했다. 그리고 돌아와 옷장에서 옷을 갈아입었다. 편안하게 가고 있을까, 헤어진 지 얼마나 되었다고, 슬며시 걱정이 앞섰다. 도착하려면 몇 시간이나 남았을까, 어설프게 웃으며 옷장 밖으로 나오려니, 지금 몇 시지, 궁금증이 일었다. 그러나 다음 순간 어떤 황당함이 앞으로 확 내달았다. 늘 그 자리에 있던 그의 시계가 보이지 않았다. 밖에 나갈 일이 없으면 그는 늘 손목시계를 풀어 옷장 앞 화장대에 두었다. 그러나 여행을 떠난 지금이니 시계가 없어졌음은 너무도 당연한 일. 이런 일로 황당해하는 자신이 우습기도 했다. 사소한 변화에도 민감할 만큼 그리도 남편에게 의존하며 살아왔던가?

도대체 남편이란 어떤 존재일까? 사강은 일찍이 남편이란 존재를 슬리퍼로 갈파(?)했다. 벗으면 허전하고 신으면 걸리적 거리는 슬리퍼 같은 존재. 결혼 전엔 나도 사강의 의견에 많이 기울어 있었다. 그러나 살면서 보니 꼭 그렇지만은 않았다. 자신이 존중받기를 원한다면 먼저 상대를 존중해야 하는 것이 관계 성립의 제일 수칙이었다. 자신의 자유를 갈망했던 사강은 그러면 남편의 자유도 그만큼 존중했을까. 사강의 말엔 존중이나 배려의 미덕이 들어갈 틈이 없어 보인다.

문득 전혜린이 다시 기억났다. 완벽한 자유를 갈망하다 죽은 전혜린. 그녀는 남편의 완벽한 자유에 대해선 어떤 생각을 가지고 있었을까? 인간은 누구나 자유롭길 원한다. 그러기에 자유를 누리는 문제는 여자 남자의 이분법으론 설명할 수 없다. 이건 여자 남자를 떠나 인간의 문제다. 그리고 그 시절, 한국적 사회 현실에선 여자는커녕 남자조차도 완벽한 자유를 누릴 수 없었다. 자유의 대칭어는 관습이고, 남자일지언정 그 관습에서 자유로울 한국인은 하나도 없었을 테니까.

지난 35년간 남편과 한국적 관습 때문에 서로 할퀴며 지내 온 건 아닐까란 의구심이 갑자기 솟는다. 수없이 싸웠고 지금도 싸우니까. 그러나 한 가지 좋은 점은 싸움이 끝나면 좀 더 그를 이해하여 신뢰할 수 있는 것이다. 나쁘게 말하면 상대를 지배하기 위해 전투를 벌였다 할 수 있겠다. 그러면 그가 내 시간을 지배했을까, 내가 그의 시간을 지배했을까. 전세(戰勢)가 어찌 바뀌어 왔는진 기억에 흐리나 요즘의 우리는 서로의 지배(?)에도 별 불편 없이 지내고 있다. 그가 계획하고 정리하는 시간 속에서 살면서도 구속감을 느끼지 않는 나나, 자신의 시간을 함부로 농단해도 기분 나빠하지 않는 남편이나, 이젠 서로 느슨해져 별 반발이 없다.

그러고 보니 그는 슬리퍼가 아니라 시계였구나. 어떤 시계? 낡은 시계? 보석 시계? 편안한 시계? 아니, 견고한 시계. 큰 바늘 작은 바늘이 되어 서로 어루만지며, 경우에 따라선 역할을 바꾸기도 하며, 그와 만들어 온 무너질 수 없는 시간을 떠올려 본다. 그리고 지금 그가 걷고 있을 그의 성장기 인천을 함께 걸으며, 내 시계가 돌아올 날을 손꼽아 본다.

어쩌자고 사강은 남편을 슬리퍼로 만들었을까? 자유분방한 나라에서 자신의 삶을 방종으로 밀어붙인 사강. 그에 비해 한국적 현실에서 좌절한 전혜린의 죽음은 지금도 아쉽고 안타깝다. 그러나 이제는 숨 막히도록 안타깝지는 않다. 시침(時針)도 아니고 분침(分針)도 아니고, 초침(秒針)처럼 숨 가쁘게 달리며 '생의 한가운데서' '불꽃같이 살다 간' 그녀의 고향은 5년 체류했던 뮌헨의 슈바빙이고, 이역(異域)에서 27년을 산 내 고향은 서울이란 것을 알기에.

적멸

주님의 선하심과 인자하심이 평생토록 나를 따르리니, 내가 여호와의 집에 영원히 살리로다. 시편을 읽고, 찬송을 부른 뒤, 기도 속에 예배가 끝났다. 창으로 훤히 내다보이는 마당엔 분분한 나뭇잎들이 고적하게 지상으로 귀향하고 있었다. 노방 전도를 위해 일어서시는 목사님 일행을 전송하고, 가족들은 식사 모임을 위해 외출을 서둘렀다.

거리로 나왔다. I-90 고속도로를 건너기 위해 신호를 기다리는 동안, 세상은 하얗게 부서지는 빛 속에 존재를 촘촘하게 드러내고 있는 게 보였다. 태양은 머리 위에서 캔버스에 짓이겨진 빛깔, 가령 고흐의 그림 속처럼 소용돌이쳤다.

신호가 바뀌자 차는 앞으로 나갔다. 148에비뉴 사우스 이스트를 따라 달렸다. 속죄를 위해 분수를 뿜어 올리는 사원이 지나갔다. 마지막 도토리를 모으는 늙은 다람쥐들이 숨어 사는 공원이 지나갔다. 분주하게 오가는 차들과 보행자들의 발걸음엔 알 수 없는 달콤한 힘이 들어가 있어, 거리엔 유혹적인 활기가 넘쳤다.

네거리 모퉁이마다 광고 풍선이 둥둥 떠올라 아이들을 달뜨게 했다. 밖을 내다보던 아이들은 경축일 행사나 축제에 온 듯 힘껏 함성을 질러댔다.

"풍선 갖고 싶어!"

간절하게 두 살짜리가 말했다.

"거의 다 와 가? 빨리 내려서 풍선 가질래."

네 살짜리는 조급하게 외쳤다. 39일 전 세상에 온 아이는 바구니 속에서 세상 모르고 자고 있었다. 온 세상의 평화를 입가에 다 모아 미소 띤 채. 물처럼 흔들리고 불처럼 일렁이는 그 완강한 생명을, 그 절대 평화를 아무도 막진 못하리라.

"할아버진 어디 갔어? 보고 싶어!"

장난감을 흔들던 둘째가 느닷없이 소리 질렀다.

"할아버지는 정말 지저스 크라이스트하고 살러 간 거야?"

첫째가 뭔가 안다는 듯 물었다. 아이 손을 당겨 살짝 잡으며 얼굴을 들여다보았다. 표정이 진지하다. 가만히 머리를 쓰다듬어 주었다. 조용한 응대에 아이는 그만 입을 다물었다. 그 아이 뒤로 펼쳐진 차 안의 빈 공간이 생각보다 넓고 깊었다.

길은 아직도 끝나지 않았다. 이제 20가 노스 이스트를 지나고 있다. 부산하던 거리 풍경이 가라앉으며 햇빛도 엷어졌다. 그때 성하(盛夏)가 지났으니, 이제 곧 추분(秋分)이 쿨럭쿨럭 기침하며 가을을 토악질해낸 뒤 서글픈 비가 추적추적 내리리라. 그러면 단풍은 제 발밑에 피를 울컥 토해내고, 계절의 뺨은 그럴 수 없이 야위어 가겠지.

문득 바람이 가로수의 나뭇잎들을 흔들었다. 애연(哀然)하게 손을 흔드는 무수한 나무들. 그러나 그들은 구원을 바라지는 않았다. 단지 존재를 알리고 있을 뿐이었다.

차가 목적지에 다가왔다. 차가 정지하고, 아이들이 풀려났다. 아이들은 식당 마당으로 내달리며 놓여남을 즐거워했다.

다섯 달 전 그가 한국에 다녀오던 날 들렸던 식당이다. 그는 이 집의 냉면을 좋아해서 서울에서 미리 전화하여, 도착하면 그 식당으로 갈 것이라고 말했었다. 그 날 푸짐한 양과 독특한 소스를 즐기며 그는 돌아온 안도감을 내보였다. 그리고 귀가하기 위해 식당을 나서, 아이들을 차에 싣던 중 주위를 둘러 보았다. 늘 제자리를 도는 다람쥐들이 나무를 타고 오르는 모습과 그 나무들 때문에 가려져 듬성듬성해진 하늘과 주차된 차들까지 찬찬히 살폈다. 눈에 모든 풍경을 담기라도 하듯.

그런 그의 어깨에 나무 잎사귀가 설풋 내려앉았다. 그리고 그 잎새도, 다람쥐도, 그도 지금은 여기에 없다. 사라지고 없는 것들. 그땐 미처 실감하지 못했다. 그 생명 값이 똑같다는 사실을. 그러기에 지금 여기 서 있는 나무, 보이는 하늘은 그 날의 것들이 아니다. 심지어 나 또한 그 날의 내가 아니다. 이제 더는 집을 지을 수 없는, 그래서 눈 감을 때까지 '긴 밤 잠들지 못하며 서성일' 수밖에 없는, 집 잃은 자다. 허술한 사람이었던 그가 허술한 내 집, 그 자체였고, 내가 그의 거처였다는 걸 왜 이제 와서야 깨닫게 되나. 집이 허물어지고, 거처가 와해된 지 49일째.

손바닥을 펼쳐 들여다보았다. 아무것도 없다. 자취도 없이 완전히 사라지고 없는 것들. 어느 날 어느 시에 그가 여기에 존재했었다는 기미조차 없다. 미끄러져 떨어지는 빛들 뿐, 들어와 잠길 하늘도 보이지 않았다. 세상에 가득찬 상실의 냄새. 완전무결한 소멸. 터엉 빈 내 심장 속으로 두서없이 투덕투덕 굴러떨어지는 뜨거운 눈물방울들만이 존재다. 적어도 지금은.

"뭐하세요? 빨리 들어오세요."

아들의 외침에 깜짝 놀란 나는 발길을 재촉해 식당을 향하여 걸어나갔다. 습기에 젖어 땅 위에서 누추하게 구르는 낙엽들이 발길에 챘다. 뒤미처 도착한 시누님과 조카딸의 차가 식당을 향해 들어오고 있었다. 며느리가 차를 향해 손짓하고, 아이들이 대고모 할머니에게 달려가려고 두 팔을 활짝 벌리는 게 보였다.

달빛으로 만든 길

그해 겨울이었다. 어둠을 삼킨 사위는 고요했다. 막 잠자리에 든 순간, 돌연 그 적막이 깨졌다. 딸깍! 단박에 뛰어 일어나 재빨리 마당을 건너 부엌 불을 켰다. 과연 칼치 조림이 들은 냄비 뚜껑이 들려 있었다. 광이 딸린 재래식 부엌이었기에 고양이 드나들기는 식은 죽 먹기였다. 다시 부엌을 돌아보고 단속을 마친 뒤 하품을 깨물며 마당으로 나섰다.

마당엔 달빛이 가득했다. 마당을 뛰어 건널 땐 미처 깨닫지 못했던 달빛이 온 세상 가득했다. 그 빛은 세상에 차고 넘친 나머지 가슴 속 바닥까지 사정없이 밀고 들어섰다. 바람에 헉 느끼듯 달빛에 느끼는 느낌. 방으로 들어와 잠자코 이불 속으로 들어가며 삼켰던 숨을 내뱉었다.

"왜 한숨을 쉬어?"

"달빛이 마당에 가득해요. 저 달빛을 두고 어떻게 자지?"

남편은 어이없어하는 기색이었다. 군말 없이 베개나 고쳐 베는 수밖에 없었다. 생각이 여로에 올라 달이 떠 있는 곳까지 은빛

261

비단폭을 펼쳐 밟고 이를 때쯤, 남편이 이불을 젖히고 일어났다. 그리고 옷장에서 외출복을 꺼내 입었다. 어서 외출 준비하라고 채근까지 했다.

"이 밤에? 어머니께 뭐라 말씀드리고 나갈 건데요?"

"엄니! 이 사람 자다가 갑자기 병이 났어요. 병원에 다녀 올게요."

난데없는 기척에, 기동(起動)이 여의치 못한 어머니께서 당신 방문을 열고 내다보셨다. 병환으로 말씀을 못 하셨기에 어머니는 어서 다녀오라고 손짓을 하셨다.

인천우유 앞에서 택시에 올랐다. 그는 연안부두로 가자고 말했다. 엉뚱한 그의 행동에 어이가 없었다. 하지만 그는 이래 뵈어도 우린 아직 신혼이니까 이리 해도 된다고, 그냥 잠자코 따라 오라고 했다. 겨울 바다엔 울렁대는 달빛이 저 끝까지 가득했다. 생명처럼 차고 넘쳐 굼실대는 황금의 물결.

그 몇 년 전 여름, 울산 울기등대로 여행을 간 적이 있다. 그때, 며칠 묵었던 여관집 아줌마가 달밤에 말했었다. 어찌 저 바다를 두고 잘끼고! 그래서 친구와 그 아줌마와 함께 밤바다에 가서 황홀한 바다에 하염없이 홀린 적이 있다. 한데, 횟집 포장마차에 가려 연안부두에선 그 운치가 다 살아나지 않았다.

"이거 가지고 뭘! 바다가 좁네."

"그럼, 내일 송도에 가."

초고추장에 찍은 해삼을 씹으며 맥주를 마시다 그만 입을 다물었다. 투정을 계속하다간 남편의 일탈이 어디까지 이어질지 모르겠다. 어머니를 한 번 속일 순 있어도 다시 그럴 순 없지. 어머니는 병환 중이시기에 혼자 있는 걸 아주 싫어하셨다. 일하는 사람이 지켜드려도 막무가내셨다. 하지만 남편은 기회가 또 오지 않는다며 송도행을 주장했다.

그 다음 날은 토요일이었다. 서울에서 근무를 마친 우리는 종로2가 삼화고속 터미널에서 만났다. 그리고 주안을 거쳐 송도로 갔다. 몇 번 와 보긴 했지만 낯설었다. 하지만 인천 토박이인 그는 능숙하게 유원지 안으로 깊숙이 들어가, 이 년 전만 해도 서울 내기였던 사람을 섬으로 안내했다.

유원지 안에 섬이 있단 사실이 놀라웠다. 섬으로 가는 길은 검은 징검돌들이 깔려 있었다. 징검돌 주변으론 바닷물이 감돌아 신발 등을 적셨다. 느긋하게 산책을 즐기며 섬에 도착하자, 넓게 탁 트인 서해가 아프게 뒤척이고 있었다.

풍광에 정신이 팔려 시간 가는 줄 모르던 어느 순간,

"물 들어온다!"

누군가 외쳤다. 주변 사람들이 모두 자리를 박차고 일어섰다. 빨리 뛰어! 남편이 재촉했다. 재빨리 뛰기 시작한 주위 사람들을 따라 정신없이 달렸다. 물 들어오는 속도가 빨라 이렇게 뛰지 않으면 다음 날 물 나갈 때까지 섬에 갇혀 있어야 한다고, 달리면서 남편은 설명했다. 높은 구두 굽이 부러질 정도로 속력을 냈다. 물은 벌써 발목을 차오르고 있었다. 더 빨리! 위험한 길 위의 사람들은 서로 부축하며 격려를 나눴다. 물이 정강이까지 올랐을 때 겨우 뭍에 도착할 수 있었다. 이렇다고 진작 말해줬어야 운동화를 신고 오잖아요. 헉헉 숨을 몰아쉬며 항의하자, 유쾌해진 남편은 자신 있게 말했다. 이런 게 더 기억에 남지. 오늘이 재미있었다고 말할 날이 올 거야.

발바닥과 발목이 얼얼했기에 좀 심사가 나긴 했지만, 모처럼 마음 놓고 즐거워하는 남편과 함께 아이를 데리러 작은댁으로 향할 수밖에 없었다. 그땐 일하는 사람이 어머니를 맡고, 작은댁 시어른들이 아이를 맡고 있던 시절이었다. 숨 쉴 틈도 없었던 그 시절, 아마 남편은 그래서 일부러 그런 시간을 만들었는지도 몰랐다.

컴퓨터를 끄고 공부방을 나와, 침대방 문을 열었다. 침대 위에 달빛이 하얀 별꽃판처럼 가득 덮여 있다. 인천집 앞마당에서 만났던 그 달빛과 재회하는 느낌에 가슴이 쿵 떨어진다. 반가움과 놀라움에 아련한 그 빛을 손으로 담아 올려본다. 샘물처럼 찰랑이며 고이는 달빛. 그 속에 그의 말이 살아 담긴다. 오늘이 재미있었다고 말할 날이 올 거야.

그로부터 35년이 지난 지금, 그는 70년을 숨차게 달려서, 이 달빛이 깔린 길 저 편에 있다. 시어머니님도, 부모님도, 남편도 달빛으로 만든 길 저 편에 있다. 이 편에 서 있는 사람은 오직 자신 뿐이다. 언젠간 이 달빛 비단폭을 밟고 길을 건너 그들과 함께 서 있게 될 것이다. 그때도 달빛을 두고 어찌 잠들 수 있겠냐고 말하게 될까?

나의 수필 쓰기

1987 년 뉴욕한국일보 신춘문예 공모에서 소설 <미안하다>로 당선 없는 가작에 뽑혔다. 심사위원은 김은국 씨였다. 그전 해엔 동 공모에서 수필 <이상한 사람들>로 가작을 받았다. 이계향 선생님이 심사위원이었다. 선생님은 서울에 가서 수필로 등단을 준비하자고 하셨다. 하지만 그때 나는 수필 따위는 안중에도 없었다. 작심하고 썼더라면 당선이었지 가작이었을까, 속으로 건방을 떨었다.

무형식이 형식이라는 수필이 도대체 우스웠다. 수필도 창작에 속하나? 창작이 아니면 예술이 아니고, 예술이 아니면 문학이 아니지, 단정하고 있었기에 수필로 등단하자는 말씀이 도무지 귀에 들어오지 않았다.

그때는 이미 동인지 <신대륙>(미주 한국 문인들의 최초 동인지. 삼 년밖에 살지 못한 그 생명에게 애도를!)에 참여하며 소설에 전념하고 있었기에 그 말씀을 더욱 새겨듣지 않았다. 그러나 생계에 밀린 동인들은 헤어졌다. 그리고 혼자가 되어 20 여 년이 흘렀다.

시애틀 이주 후, 한 달 남짓 되었을 때 큰 조카딸 영희가 제 2 회 <시애틀문학상> 공모 광고를 가져왔다.

"외숙모! 이거 한번 해 보세요."

"그런 거 이젠 안 해! 손 씻은 지가 벌써 언젠데."

말은 이리해 놓고도, 소매치기가 손맛을 잊지 못하듯 어느 순간 책상에 앉아 있는 자신을 발견해야 했다.

그리고 그 뒤는 호랑이 등에 올라탄 것만 같아졌다. 수필 <이슬>, <꿈>, <먼지>로 응모하여, <이슬>로 대상을 받고, 등단도 하게 되었다. 20 여 년간 말랐던 목이 등단을 거부하지 못하게 했던 것이다. 등단을 하게 되었으니 소위 수필가가 된 셈이다. 고려청자같이 우아스럽게 분위기를 내려 여류 수필가 이름을 내민다고 폄훼하던 수필가. 문학이 뭔지도 모르면서, 문학 동네 주변을 얼쩡거리며 문학 합네, 하루살이가 등불 주위로 모여들 듯 모여든다고 얕보았던 수필가.

그토록 우습게 알던 수필가이나, 나는 정작 수필에 대해 아는 게 별로 없었다. 오직 대학 수필론 시간에 배운, 무형식이 형식이란 수필의 기본 이론밖엔 몰랐다. 우수마발도 형태를 갖고 있거늘 문학이라며 어찌 형태가 없나. 내 나름의 형식을 구축해야겠다고 작정하고, 손광성의 <수필쓰기>를 읽었다. 과연 형식이 없는 문학 양식이 아니었다. 구성이 없는 예술이 어디 있나.

그때 내 생각에 힘을 실어 준 것은 金悳煥의 <문학체계론>
(단기 4288 년 新鄕社 刊)이었다. 그는 수필론에서 다음과 같이
말했다.

"이것 역시 이제부터의 것이다. ~ 이것이 앞으로 문예 형상에
있어 전개될 비교적 확고한 지반에 있으므로써 문예 형태로 놓은
것이다. 그리고 이 수필이라는 것은 그 성질이 문학적 입장에
있느니만치 그 활동성도 넓어서 표현상이 자유분방한 감을 다른
것에 비하여 느끼게 되는 것이다. 그리고 이것도 그 학적 체계를
세운다면 시 형태와 같이 될 것이다."

"수필의 정의; 藝美의 세계를 상상(예술적 관조)적 또는 상념
(학술적사변)적 구성을 하여 산문적 소재로서 회화적으로 詩形
律調에 의하여 수필 형식에 描出 또는 論張한 것이다. 나아가 두
쎈스가 융합되어 하나의 형상이 되는 것이다."

시 형태, 회화적, 시형 율조, 묘출, 형상. 김덕환의 글에서 이
낱말들을 골라내며, 내 수필이 어느 방향으로 나아가야 할지
가늠이 되는 듯싶었다.

그 무렵 만난 것이 e-수필이었다. 세상에 변하지 않는 것은
없다. 수필도 변화되고 달라져야 한다. 수필이 문학이란 예술이
되려면 창작품이 되어야 한다. 시가 소설이 창작되듯, 수필도
창작되어야 한다. 이관희 선생님의 이 주장은 갈 곳 모르던 내게
큰 힘이 되었다. 수필도 창작이다! 아, 여기서부터 시작하면
되겠구나. 무형식이 형식이란 말은 형식이 없어서 무형식이

아니라, 어느 형식을 차용해도 되기에, 정해진 형식이 없다는 말이로구나. 비로소 눈에서 비늘이 벗겨졌다.

그리고 e-수필에서 수필의 다양한 차용 형식을 알게 되었다. 시, 소설, 희곡, 시나리오, 동화, 서간, 심지어 수다체(?)까지. 소설의 구성인 발단 전개 절정 변환 결말 중 절정 한 부분만으로도 수필이 성립될 수 있다는 건 미처 생각지 못했던 사실이었다. 요체는 구성 방법이었다. 영화란 예술이 프레임 예술이듯, 수필도 인생의 문제와 모습을 어느 프레임에 넣어 독자에게 보여 주느냐에 따라 형식이 결정된다는 생각도 하게 되었다. 영화가 카메라에 의해 관중에게 보여진다면, 수필은 원관념과 보조관념에 의해 형상화 되어 독자에게 보여지는 예술이었다.

이렇게 배우게 되며 저쪽 세상을 건너다보니, 내 목은 쑥 움츠러들게 되었다. 20 여 년 떠나 있던 사이, 문단은 달라져 있었다. 그리고 수필가, 우습게 알면 안 되는 것이었다. 강호에 고수가 무수히 많았다. 나 정도는 문패를 걸기는커녕, 문간방 신세도 어려운 형편이었다. 점차 수필 쓰기가 시보다도, 소설 보다도 더 어렵고 힘들게 느껴졌다. 팽팽한 풍선이 푹 꺼지듯 오만이 빠져나갔으니 이제로부터 겸손하게 착실히 걸어야 할 길임을 깨닫게 되었다.

이때 우연히 모 문예지에서 유병근 선생님의 작품들을 읽었다. 시 정신이 수필 속에 어떻게 녹아드는가, 어떻게 진지하게 수필을 해야 하는가를 그 작품들로부터 배울 수 있었다. 그러나 아무래도 본병 (本病) 이 소설에 있다 보니, 서정 수필 보다는 서사 수필 쪽으로 기우는 걸 어쩌지 못하겠다.

윤재천 선생님의 이론에도 많은 흥미를 갖게 되었다. 퓨전 수필, 아방가드르 수필, 아포리즘 수필. 내가 고민하고 찾던 수필이 바로 이런 것들이 아니었을까 하는 생각도 들었다.

그러나 요즘엔 좀 더 다른 생각이 들기도 한다. 수필이 문학의 한 장르를 담당하려면 인생의 전반적인 문제와 모습을 보여 줘야 하는데, 서정 수필만으로 그 역할을 다 감당해낼 수 있을까?

이때 그림 그리던 친구가 떠올랐다. 대학 동창 중 그림 전공인 친구가 말한 적이 있다.

"세잔의 <빨간 조끼 입은 소년>의 팔이 비정상적으로 긴데, 왜 그런지 알아? 구성 때문이야. 구성을 위해서 비정상적이긴 하지만 팔을 약간 길게 빼서 그린 거지."

수필의 구성도 그렇게 하면 안 될까? 사실인 내용도, 화자도, 구성을 위해 약간은 변용시키면 안 될까? 그러면, 콜라쥬 기법은 어떨까? 콜라쥬 기법이란 피카소가 신문지를 찢어 화폭에 붙이고 그 위에 자신의 창작적인 붓질을 가미한 것인데, 이처럼 신문기사를 콜라쥬하여 주제를 설정한 뒤 작가의 창작된 글을 덧붙여 보면 어떨까?

그러자 아이디어가 뒤미처 이어졌다. 꼭 문학 형식 안에서만 구성 방법을 찾을 필요는 없다. 미술이나 수학 (<오감도> 시 제 4 호나 삼차각설계도에서 이상은 그 약간의 실례를 보여 주었다.), 과학에서도 어떤 구성 방법을 차용할 수 있을지도 몰라. 요즘엔 조각도 키네틱 미술이야. 이처럼 장르가 무너지며 예술의 형식이 호환되는데, 수필이라고 왜 안 되겠어?

과연 내 생각이 맞기나 한지 모르겠다. 하지만 이런 경험이 있다. 60년대 말 대학 시절, 어느 모임에서 시조를 한다는 남학생을 만난 적이 있다. 그는 시조가 현대시로 발전할 수 있을지에 대해 회의적이었다. 그때 나는 내 아이디어를 말했다. 시조 한 수가 일 연이 되도록 몇 수를 이어 붙이면 삼행시를 얻을 수 있다고. 또 초중종장 모두 분절하여 3, 4/ 3, 4// 3, 4,/ 3, 4// 3, 5/ 4, 3 이렇게 이행시도 만들 수 있다고. 또한, 종장 3, 5, 4, 3 만 맞추면 얼마든지 내용을 이어갈 수 있는 사설시조를 이용해서도 새로운 모습을 갖출 수 있지 않으냐. 이렇게 되면 현대 정형시로 손색이 없다. 그는 내 의견에 다소 놀란 눈치였다. 그 후 그가 내 의견을 받아들여 창작에 적용했는지 아닌지는 모르겠다. 어쨌거나 요즘의 시조는 그런 방향으로 흘러가고 있다.

앞으로 수필의 형태나 구성도 타 분야와 호환되어 (요즘 시쳇말론 아마 통섭이라 하지.) 더 다양한 모습으로 발전할지 누가 알겠는가. 어쨌거나 이제 다시 시작한 길이니 우직하게 그저 앞만 바라보고 산을 넘어야겠다.

이렇게 신발 끈 다시 고쳐 맨 이유는 도저히 글쓰기를 포기할 수가 없어서였다. 아침마다 눈 뜨면 달려드는 공허. 지리멸렬한 현실 속에서 나날이 낡아가는 자신, 타성에 길들여지는 자신이 초라해 견딜 수가 없었다. 낡아가는 나를 새롭게 일으켜 세우고,

초라한 나를 사랑하는 방법은 글쓰기밖에 없었다. 정신의 새 옷을 갈아입는 일, 피돌기가 힘차게 느껴지는 일은 글쓰기밖에 없었다.

글쓰기 하고 있는 동안만큼은 나는 왕이다. 왕은 백성을 책임지는 존재다. 나도 내 작품에 책임을 져야만 한다. 그러기에 도무지 달리 주어진 능력이 없는 나는 고작 이것뿐이었던가, 회의해도 이 길 밖엔 길이 없으므로 글쓰기에 죽기 살기로 덤벼들 수밖에 없다.

늦게 출발했으니 해가 곧 떨어질 것이다. 호랑이가 덤벼도, 산적이 나타나도, 먹히고 털리며 앞만 보고 새로움을 향해 나아가야겠다. 내게 꼭 맞는 옷인 수필을 위하여. 역시, 뒤늦게 찾아오신 만복의 근원께서 빛으로 길을 보여 주실 것이라 믿는다.

저자 소개

공순해

2009 년 <이슬>로 월간 <수필문학> 4 월호 등단
2008 년 <이슬>로 제 2 회 <시애틀문학상> 수필부문 대상 수상
2011 년 <아이스크림과 택시비>로 제 13 회 재외동포문학상
　　　　수필부문 우수상 수상
한국문인협회 회원, 한문협 워싱턴주 지부/ 시애틀문학회 회원

저서; 공순해의 수필과 소설 <손바닥에 고인 바다>

Email: janeshkong@gmail.com